COISAS IMPORTANTES TAMBÉM
SERÃO ESQUECIDAS

MARTHA NOWILL

Coisas importantes também serão esquecidas
Um diário

Copyright © 2025 by Martha Nowill

Grafia atualizada segundo o Acordo Ortográfico da Língua Portuguesa de 1990, que entrou em vigor no Brasil em 2009.

Capa
Violaine Cadinot

Foto de capa
Manoela Estellita (Manoellita Fotografia)

Preparação
Ciça Caropreso

Revisão
Thaís Totino Richter
Ana Maria Barbosa

Dados Internacionais de Catalogação na Publicação (CIP)
(Câmara Brasileira do Livro, SP, Brasil)

Nowill, Martha
Coisas importantes também serão esquecidas : Um diário /
Martha Nowill. — 1ª ed. — São Paulo : Companhia das Letras,
2025.

ISBN 978-85-359-3952-1

1. Diários brasileiros (Literatura) 2. Nowill, Martha – Diários
I. Título.

24-231258 CDD-B869.9803

Índice para catálogo sistemático:
1. Diários : Literatura brasileira B869.9803

Cibele Maria Dias — Bibliotecária — CRB-8/9427

Todos os direitos desta edição reservados à
EDITORA SCHWARCZ S.A.
Rua Bandeira Paulista, 702, cj. 32
04532-002 — São Paulo — SP
Telefone: (11) 3707-3500
www.companhiadasletras.com.br
www.blogdacompanhia.com.br
facebook.com/companhiadasletras
instagram.com/companhiadasletras
x.com/cialetras

Para todos que estiveram e estão comigo nessa aventura.
Alguns estão nomeados aqui, outros não.
Mas principalmente para o Luiz, o Maximilian e o Benjamin.

9 DE OUTUBRO DE 2019, RIO DE JANEIRO

Acordo no Rio de Janeiro, mais precisamente no Jardim Oceânico, no flat onde a Globo me colocou para gravar a série *Todas as mulheres do mundo*. No espelho encontro um rosto tomado por bolinhas vermelhas que se estendem até o pescoço. Pânico. Hoje gravamos uma das sequências mais importantes da série. Tiro fotos e mando para minha médica em São Paulo, para meu pai e Luiz, que, embora more comigo há mais de um ano, insisto em chamar de "meu namorado". Nenhum deles me oferece uma explicação razoável para meu desastre dermatológico. No banho, enquanto tento desembaraçar o cabelo, sinto o nervo da cervical pinçar. Tomo um antialérgico, um anti-inflamatório e desço para o carro que me aguarda em frente ao flat. Estou pálida, com o rosto cravejado e uma dor que não deixa o ar circular pelo meu corpo.

Chove nos Estúdios Globo. Apanho um guarda-chuva no cesto ao lado da catraca de entrada e caminho até o estúdio F, torcendo para que a maquiagem esconda o estrago causado pela alergia. Enquanto passo o texto mentalmente — na cena, Laura, minha personagem, jura que vai encontrar um homem e engravidar na mesma noite —, lembro da promessa que fiz a mim mesma meses antes: assim que eu começasse um novo trabalho, com uma boa personagem, me liberaria para engravidar. Não foi o que eu fiz.

12 DE OUTUBRO

Corro pelo Santos Dummont para tentar pegar a última ponte aérea, enquanto penso em formas de contornar minha promessa. Lembro da história de uma prima. Ela se apaixonou e se casou com um primo-irmão e, por conta da consanguinidade, teve duas menininhas com uma síndrome rara, que viveram poucos anos. Quando engravidou pela terceira vez, jurou que só ia ter o filho se no prazo de trinta dias um homem forte e desconhecido lhe entregasse uma rosa vermelha. No trigésimo e último dia do prazo, ela foi visitar uma fazenda e na saída, quando seu carro já ia longe, o anfitrião correu até a porteira e, pela janela do carro, lhe entregou uma rosa vermelha. Seu filho nasceu saudável.

Sentada na poltrona do avião, estabeleço novas regras para a minha promessa. Se até 12 de novembro uma criança me der uma flor amarela, então devo liberar imediatamente para engravidar. Agora, se ela me der uma flor branca, significa que posso esperar mais um ano. Satisfeita com minha decisão em terceirizar a decisão, espero o avião decolar.

No desembarque em Congonhas, Luiz me espera com Vítor, seu filho de oito anos.

"O Vítor tem um presente pra você", ele diz, enquanto o menino esconde as mãos atrás das costas.

8

Será que é uma flor? Céus, como eles estão atentos no departamento dos sinais! Meu coração dispara e ruborizo, mas Vítor me estende um tablete de chocolate.

16 DE OUTUBRO, RIO DE JANEIRO

Minha cena está prevista para ser gravada no último horário, por isso decido tomar um banho de mar, para ver se a alergia melhora. Caminho pelo calçadão e, sem me dar conta, meu olhar procura por crianças e flores. Entro na água. Quando volto para o flat, pergunto na portaria qual é o melhor lugar para nadar. O porteiro aponta justamente para onde acabei de mergulhar e diz que ali é uma imensa saída de esgoto e que devo ir para o lado oposto. Subo desesperada e me enfio debaixo do chuveiro.

3 DE NOVEMBRO

Todos os anos, no meu aniversário, recebo os amigos no meu apartamento em São Paulo, do meio-dia às dez da noite. Faço um monte de comida, compro as primeiras dúzias de garrafas de bebidas e peço para cada um trazer mais uma. Nesse ano, o dia passou voando. Tomei uma taça de espumante atrás da outra. Esqueci de comer. Ganhei presentes, flores, bebidas. Dancei e abracei todo mundo. À meia-noite, jogada no sofá com a sola dos pés imunda, tenho um estalo: Quem me deu o quê? Quem me deu a orquídea amarela? Os lírios brancos? A garrafa de vinho caríssima que escondi para ninguém pegar? Não lembro de absolutamente nada. Se algum sinal foi mandado hoje, bateu na trave.

12 DE NOVEMBRO, RIO DE JANEIRO

Hoje é o último dia previsto para eu receber o sinal. De volta ao Rio, vou jantar no Guimas com a Carol, minha empresária, e fico na rua até a meia-noite. Não ganhei flor nenhuma, não mereço. Sei que estou trapaceando. Tinha prometido me liberar se aparecesse uma boa personagem e, quando apareceu, inventei uma prorrogação. A verdade é que eu não quero engravidar, mas também não consigo enxergar minha vida sem filhos. E o tempo é um filho da puta que fica fazendo tique-taque em contagem regressiva na minha orelha, justamente quando tudo — trabalho e namoro — parece perfeito.

29 DE DEZEMBRO, MENDOZA

Embora eu não consiga decidir se quero ou não engravidar, a ideia de que no réveillon do próximo ano eu possa estar grávida não me parece impossível. Por isso, quero passar este fim de ano com uma turma de amigos num lugar onde eu possa encher a cara e fazer tudo o que não poderei fazer caso engravide em breve. Encontramos uma casa branca, com um terraço charmoso e preço razoável em Mendoza, na Argentina. Mais precisamente na pequena cidade de Tunuyán, no Vale de Uco. Fiquei pensando se o lugar não seria árido demais para o verão, mas o anúncio dizia que havia uma *"pileta"* no jardim (na foto, estava mais para um tanque), e isso foi o suficiente para que eu embarcasse na viagem.

31 DE DEZEMBRO, MENDOZA

Geralmente faço listas. Do que quero fazer, do que tenho que fazer e do que não quero mais fazer. No último dia do ano, organizo tudo. Chegamos há poucos dias em Mendoza e bebi e comi como se não houvesse amanhã. Tanto que neste dia 31 mal consigo me levantar da cama. Os últimos meses foram de trabalho pesado e deixei o assunto gravidez de lado. Mas hoje é o tradicional dia das listas, e eu não sei exatamente o que colocar no papel. Não sei o que desejar. Me visto de branco e peço alguma clareza. Dinheiro também.

20 DE JANEIRO DE 2020

Em São Paulo, a dra. I., minha ginecologista, analisa os exames e diz, tentando não soar grave, que minha reserva ovariana está ok para os meus 39 anos. Pergunto se ela quer dizer que devo engravidar logo, e ela me diz que está tudo bem, mas devo começar a me preparar.

"Sua ovulação, em compensação, é de uma mocinha de vinte anos." O fato de ela usar a expressão "em compensação" ativa meu modo alarme.

"Ué, se está tudo bem, por que uma coisa precisa compensar a outra?", pergunto.

"É que pode ser que você libere, mas demore muito tempo para acontecer", ela diz.

"E pode ser que eu libere e no mesmo dia nasça uma árvore no meu ventre", acrescento. "Como vou saber a hora certa?", pergunto.

"Você vai saber", ela afirma.

"E se eu engravidar e nunca mais conseguir dormir? O que vai acontecer comigo? Sou uma pessoa que precisa dormir."

Ela ri. A pergunta é séria, mas ela ri.

26 DE FEVEREIRO

Hoje, eu e Luiz voltamos de uma segunda viagem de férias. Antes de entrar no avião, leio pelo celular a notícia do primeiro caso de covid-19 no Brasil, um homem de 61 anos que voltou infectado de uma viagem da Itália. Algumas pessoas usam máscara no avião, e eu não sei dizer se elas são paranoicas ou se eu é que estou sendo imprudente. Mas como vejo no Instagram alguns blocos de Carnaval ainda circulando pelas ruas, concluo que a situação está sob controle.

13 DE MARÇO

Já faz algumas semanas que as notícias sobre o novo coronavírus começaram a se espalhar. No início, me soaram como um problema longínquo, a erupção de um vulcão em terras distantes cuja lava jamais teria fôlego para nos alcançar. Mas de uns dias para cá a onda se intensificou, a OMS declarou pandemia mundial e ficou claro que, mais dia, menos dia, estaremos todos trancados em casa. Ontem eu havia confirmado presença na estreia da peça da Regina Braga sobre São Paulo, mas algumas horas antes do espetáculo ela mandou uma mensagem dizendo que iria cancelar a apresentação. Senti um frio na espinha. "Começou", pensei. Minutos depois, Fernanda, uma amiga, me escreveu dizendo que tinha dois convites para assistir *By Heart*, de Tiago Rodrigues, um diretor português que veio a São Paulo para a Mostra Internacional de Teatro. "A partir de amanhã todos os teatros estarão fechados", ela completou. Decidi então assistir minha última peça de teatro por não sei quanto tempo, e foi uma das mais lindas que vi na vida. Tiago convocou dez pessoas para subir ao palco, e eu fui uma delas. Ele contou sobre sua avó Cândida, uma apaixonada por livros, enquanto ia ajudando as pessoas no palco a decorar alguns dos catorze versos do soneto 30 de William Shakespeare. No fim da peça, quando já estávamos totalmente envolvidos com a história de sua avó, descobrimos que tínhamos decorado o soneto que ela escolheu decorar antes de perder a visão e a possibilidade de ler.

Hoje, assim que acordei e peguei o telefone, me deparei com uma série de memes sobre a pandemia. Num deles, no famoso afresco de Michelângelo da capela Sistina, *A criação do homem*, Deus estende um frasco de álcool gel para Adão. Fiquei alguns segundos paralisada diante da imagem.

17 DE MARÇO

Dia estranho hoje. A primeira morte por covid no Brasil foi anunciada em todos os jornais, sites e redes sociais. Passados alguns dias da quarentena, algumas pessoas postam fotos cozinhando, bebendo, fazendo abdominais e tomando sol pela janela. Outras fazem posts criticando as pessoas que postam amenidades em meio a uma pandemia mundial. Outras discordam das que criticam, argumentando que todo mundo está tentando passar pelos dias de aflição e isolamento da melhor forma possível. De noite, comemoramos o aniversário da minha sobrinha Micaella aqui em casa. Ela tinha programado uma festinha com as amigas, mas teve que cancelar. Minha irmã comprou alguns balões de gás hélio prateados na tentativa de alegrá-la e cantamos parabéns.

16 DE ABRIL

Todas as mulheres do mundo vai estrear, mas por conta da pandemia não haverá festa de lançamento da série. Em vez da coletiva de imprensa que se costuma fazer em salões de hotéis e das fotos posadas em tapetes vermelhos, hoje conversamos com alguns jornalistas pelo Zoom. Me maquiei, pus uma camisa que achei que ficaria bem na tela e procurei melhorar a luz do quarto. Nos amontoamos nos quadradinhos do monitor, elenco, equipe e jornalistas, e falamos de forma organizada, respeitando o tempo de cada um e as normas da assessora de imprensa.

No final da tarde, o ministro da Saúde anunciou em seu Twitter que havia sido demitido pelo presidente. Foi desesperador, porque, apesar de ele estar longe de ser um grande ministro, parecia alguém com um mínimo de bom senso dentro do governo caótico, negacionista e autoritário comandado por Jair Bolsonaro. A sensação é de o país estar dentro de um transatlântico desenfreado indo em direção a um iceberg, sem capitão a bordo.

18 DE ABRIL

Criei muita expectativa sobre os trabalhos que o lançamento da série poderia me trazer, porque, apesar de eu já ter feito muitos filmes, séries e peças, nunca tinha interpretado uma personagem importante no canal de televisão de maior audiência no país. Mas agora a vida parece ter entrado em suspensão. Os teatros estão fechados, as produções paradas e os lançamentos adiados. Até a novela das nove parou. Eu nunca tinha visto uma novela neste país parar. E aí eu penso: se nada vai acontecer, talvez eu devesse tentar engravidar. Libero? Não libero? Quanto tempo ainda tenho?

20 DE ABRIL

Nos primeiros dias da quarentena, apesar do pânico em relação à doença e ao futuro, algum lugar dentro de mim se apaziguou. Me convenci de que mais uma vez eu poderia protelar o assunto, já que me pareceu uma péssima ideia engravidar no meio de um surto de um vírus desconhecido. Só que, com o passar das semanas e o consumo excessivo de notícias, foi ficando claro que, apesar da gravidade e da taxa de mortalidade do vírus, ao contrário do zika, que alguns verões antes havia aterrorizado as grávidas pelo risco de microcefalia no feto, a covid não oferece nenhum risco específico para a formação do bebê e, portanto, não me serve como desculpa. Ontem liguei para o meu pai e disse:

"Melhor eu não engravidar na pandemia, né?", perguntei, na esperança de que ele concordasse comigo.

"Filha, não sabemos quanto tempo isso vai durar. Se quiser engravidar, engravida."

Eu não tenho falado com o Luiz sobre o assunto e já faz mais de um ano que ele, apesar de já ser pai de dois, concordou em ter um filho comigo, se eu quisesse. E assim, mais uma vez, a decisão voltou para as minhas mãos.

26 DE ABRIL

Não sei se é por causa da queda enorme do número de carros que circulam na cidade e a consequente diminuição da poluição no ar, mas o pôr do sol na minha janela nunca, nunca mesmo, esteve tão lindo. Todos os dias tiro uma foto dele.

3 DE MAIO

Desde a adolescência frequentei um número grande de astrólogas, tarólogas, videntes, leitoras de borra de café e profissionais do gênero. Sempre fui fascinada por esse mundo. Devo ter ido a duas ou três todo ano durante uns 25 anos, o que quer dizer que já ouvi mais ou menos umas oitenta previsões sobre meu futuro. *Todas* me disseram que eu era muito fértil e que, se não quisesse engravidar, tomasse cuidado. Por isso nunca me arrisquei. Por mais bêbada ou apaixonada que eu estivesse, nem uma só vez falhei em me proteger. Nunca.

4 DE MAIO

Estamos confinados há um mês e meio e penso que talvez seja um bom momento para fazer um bebê. Vou até a cozinha, Luiz está passando um pano com álcool no chão. Abraço ele.

"E se a gente liberasse?", pergunto. Ele me olha de um jeito que eu nunca tinha visto.

"Acabei de fazer uma reunião e me pediram pra pensar num plano de demissão pra empresa. Minha perspectiva é bem ruim também, as contas não estão fechando", ele responde.

Me afasto. "Mas não é você que sempre diz que filho é solução e não problema? Há meses você está falando que, quando eu decidir, tá decidido. E quando eu finalmente tomo coragem, você amarela?"

Luiz trabalha numa produtora de publicidade e ganha por comissão. A pandemia não tem ajudado. O inquilino do apartamento dele, que já era mau pagador, não deposita um aluguel desde o começo do ano. Já eu ganho bem num período, depois não ganho nada. Tem época que nem penso em dinheiro, em outras faço compras em três supermercados diferentes para pegar todas as promoções. Com o tempo, aprendi a me equilibrar entre os altos e baixos da profissão de atriz.

Deixo Luiz na cozinha e me enfio no quarto num misto de bode e tristeza. Tanto tempo para tomar uma decisão... pra isso. Duas horas depois ele aparece.

"Tudo bem, está certo, eu tinha combinado com você, vamos liberar", ele diz, se esforçando para sorrir.

25 DE MAIO

A conversa na cozinha foi seguida por um longo inverno sexual. Ninguém quis transar nem falar sobre. Faz quase um mês.

Hoje telefonei para a Simone, minha madrasta, e entre outros assuntos falamos da gravidez. A mesma ladainha de sempre: ser ou não ser mãe? Ser uma artista-mãe? Nunca mais dormir? O peito cai? Vou conseguir ganhar dinheiro? Quando é a hora certa?

"Por que você não pede um sinal?", ela sugere.

Nunca comentei com ninguém a minha história de ficar pedindo sinais, e me surpreendo com a pergunta. Respiro com impaciência. Ela diz:

"Estou vendo uma linda rosa amarela na minha frente, não sei o que quer dizer, mas adoraria poder entregá-la a você."

Fico muda. Não é exatamente a senha combinada, mas é bem parecida. Seria o sinal?

26 DE MAIO

Vim para São Francisco Xavier, no interior de São Paulo, ficar hospedada na casa que Rodrigo, um amigo, alugou. Não tenho saído muito de casa nem visto muita gente, e combinamos de viajar num grupo em que todos estão funcionando no mesmo modus operandi. Algumas pessoas que estavam com sintomas resolveram se testar antes de vir. Depois de três meses confinada com o Luiz, sem transar, os dois estressados, e ele dando cem telefonemas diários no seu home office, achei que seria bom ficar um tempo longe de casa. Tenho dois roteiros para terminar de escrever, os ensaios diários de uma peça on-line e um sinal de internet que me parece suficiente.

30 DE MAIO

Luiz vem passar o fim de semana comigo. Levo ele até o quarto e mostro a vista da janela. Transamos sem camisinha. Fico deitada na cama, olhando para o teto e pensando que naquele exato momento algum espermatozoide podia estar flertando com um dos óvulos da minha modesta reserva ovariana. Se eu estivesse sentada na frente de um psicólogo e ele me pedisse para descrever o que senti naquele instante, eu diria que foi um sentimento impossível de ser descrito. Talvez algo perto do vazio.

12 DE JUNHO

De volta a São Paulo, tento pensar em alguma comemoração legal para o Dia dos Namorados. Pedimos comida num restaurante português e convenço Luiz a fazer um dueto musical comigo no Instagram. Ele toca e eu canto. A música é "O teu chamego", do grupo Raça, um dos melhores pagodes dos anos 90, na minha opinião. A princípio, Luiz resiste, não é fã do gênero. Eu também não, na verdade. Não escutava fazia mais de duas décadas, mas nos últimos dias me peguei cantando alto pagodes que me ajudaram a superar o desastre que foi a minha vida amorosa na adolescência. Ensaiamos a música algumas vezes e Luiz me ajuda nas entradas, já que eu até sei cantar, mas nunca sei quando começar.

17 DE JUNHO

A única coisa que sempre foi estável na minha vida é a menstruação. Há mais de 25 anos ela chega pontualmente entre o 26º e 27º dia do ciclo e traz com ela o tão esperado fim da TPM e cólicas avassaladoras. Aos dezenove anos, tive uma dor tão forte que dei um grito dentro do carro, e três janelas trincaram na mesma hora. Hoje minha menstruação não veio.

18 DE JUNHO

"Vai vir amanhã", repito mentalmente e em voz alta também. "Não é possível que com uma única trepada a gente tenha conseguido engravidar…"

"É o que basta", Luiz diz, rindo, no sofá de casa. "Você não queria? Então…"

Eu não sei o que eu quero, tive a proeza de não conseguir saber até agora. Terceirizei minha decisão a um oráculo impreciso, fechei os olhos e resolvi tentar.

Aonde quer que eu vá, a ideia de uma possível gravidez vai junto. Tomo banho pensando que estou grávida, cozinho, escrevo e compro veneno para cupim pensando que estou grávida. Nem as notícias mais absurdas e as declarações mais estapafúrdias envolvendo Bolsonaro e sua família conseguem me distanciar do pânico de uma possível gravidez. Tomo quatro litros de água por dia e faço mais de vinte xixis na esperança de que a menstruação venha, anunciada no papel higiênico.

19 DE JUNHO

Depois de duas semanas trancafiados em nosso apartamento em São Paulo, decido voltar a São Francisco Xavier com o mesmo grupo da viagem anterior. Luiz fica em São Paulo e peço que ele venha daqui uma semana e traga um teste de farmácia. Separados por mais de 150 quilômetros, ele me manda mensagem de duas em duas horas. "Não desceu", minha resposta é sempre a mesma. De noite, olho para a garrafa de vinho e repito mentalmente: "Se estou grávida, ainda não é da minha conta", e tomo mais da metade dela.

20 DE JUNHO

Saio para caminhar com minha amiga Bertha na estrada de terra que rodeia a casa e na primeira subida paro ofegante, com a sensação de que vou desmaiar se der mais um passo. A menstruação não vai mais descer, tenho certeza. De noite, olho para a taça de vinho e sinto meu corpo levemente contrariado com a ideia do álcool. Procuro uma tônica na geladeira antes de começar uma partida de *Perfil*. Minha memória falha em coisas básicas, não consigo lembrar, por exemplo, o nome da autora e intérprete do hit "Shimbalaiê", embora eu a conheça. Fico furiosa quando o jogador seguinte diz, rindo da minha cara: Maria Gadú.

21 DE JUNHO

Ainda faltam quatro dias para o Luiz chegar com o teste. Eu poderia ir até a farmácia da cidade e comprar um, mas quero fazer isso com ele. A esta altura, tenho mais certeza de que estou grávida do que de qualquer outra coisa. De noite, passo mais de duas horas na sauna. Em algum momento lembro que talvez seja contraindicado na gravidez, mas resolvo ignorar o pensamento. Dar um google sobre sauna e gravidez deixaria a coisa real demais para mim.

22 DE JUNHO

Hoje tenho ensaio on-line, e a primeira coisa que me vem à cabeça é que talvez eu tenha perdido a capacidade de atuar. É como se os mais de vinte anos de carreira perdessem toda a consistência diante da possibilidade de uma gravidez. Uma semana atrás, minha boca e meu cérebro articulavam as palavras com destreza e meu corpo obedecia aos comandos estranhos da personagem: fúria, ironia, doçura. Agora me sinto um ser primitivo, um amontoado de células que tenta se expressar inutilmente.

23 DE JUNHO

Marcamos um novo ensaio e decido que quem manda no latifúndio chamado Martha Nowill sou eu. Afasto o pensamento da gravidez e ensaio por mais de duas horas. Por alguns instantes, não penso em nada além do texto e da minha personagem.

24 DE JUNHO

Me sirvo da mesma quantidade de café de que me servi nos últimos quinze anos: uma xícara grande com seis gotas de adoçante. Enquanto olho pela janela a paisagem envolta em neblina, o cheiro do café aterrissa no meu nariz. Sinto algo que nunca senti. Um enjoo profundo. Não, é maior: náusea. Para mim, náusea sempre significou um enjoo maior, existencial. É exatamente o que sinto agora.

27 DE JUNHO

Luiz chegou ontem em São Xico e passamos o dia caminhando de mãos dadas, fingindo que não tínhamos um assunto a tratar. De noite, no chalé, fiz xixi no potinho do teste. A bula dizia que o resultado demoraria cinco minutos para sair. Mergulhei a haste no xixi e, em menos de três segundos, os dois pauzinhos ficaram azuis. Positivo. A gente se abraçou. Não fiquei feliz nem triste, só aliviada por ter algo concreto sobre um assunto que me atormenta há anos. De noite, sonhei com minha casa da infância, um lugar que costuma estar associado aos meus piores pesadelos. Mas dessa vez a casa aparecia linda e eu dizia para a minha mãe que ela precisava prepará-la para receber os netos.

28 DE JUNHO

Sempre sonhei em ser uma grávida ativa, que viaja, cozinha, uma atriz com uma barriga perfeita num set de filmagem. Uma grávida que posa reluzente para fotos, e o fotógrafo se derrete diante dela, tamanha sua luz. No momento, sou apenas uma mulher que caminha apática pelo sítio e que, de vez em quando, tem sobressaltos internos ao lembrar que uma vida cresce dentro dela.

No espelho, não reconheço meus seios.

30 DE JUNHO

A pessoa mais feliz com tudo o que está acontecendo é a minha médica, a única que sabe da gravidez, além de mim e do Luiz. Dra. I. foi bem mais efusiva ao receber a notícia do que nós quando fizemos o teste do xixi. Em São Paulo, ela analisa meus exames e comemora. Ela, sim, está reluzente. Peço para tirar a máscara de proteção, já que piora o meu enjoo, mas ela não deixa. Quando a dra. I. toma fôlego para começar a falar tudo o que devia ser dito no momento, eu a interrompo:

"Quanto custa um parto? Digo, o seu parto?"

Ela fica paralisada com a pergunta e enrubesce.

"Não é bem assim que a gente começa a consulta, Martha."

Me desculpo, mas digo que não consigo pensar em outra coisa. Ela então me fala da equipe de plantão 24 horas por dia, do anestesista, da assistente, da enfermeira e, em certo momento, me passa o valor estimado.

"Caro, né?", comento, sem graça.

Ela percebe meu desespero e diz que parte da despesa o plano irá reembolsar e que eu não deveria pensar nisso agora. O valor martela na minha mente, que começa a fazer cálculos sem parar. Depois conto à dra. I. que fiz muita sauna no sítio e pergunto se tem algum problema nisso. Ela diz que a sauna pode ser abortiva, e meu coração se enche de culpa. Reclamo dos enjoos e saio do consultório com várias indicações de remédios, vitaminas e medicamentos antroposóficos. Se essa pajelança alopático-natureba não funcionar, não sei mais o que vai.

1º DE JULHO

Acordo e tomo um Plasil. Tenho vontade de comer fruta, o que é inédito para mim. Conto ao Marcelo, diretor de *Manual da demissão*, a peça on-line que estou ensaiando, que estou grávida e que não sei se devemos continuar com o projeto. Fazemos as contas do tempo de ensaio e do tempo que eu ficaria em cartaz remotamente, ainda sem barriga, e resolvo colocar em prática o plano da grávida ativa. Faço uma força descomunal para ensaiar, como se carregasse dois sacos de batatas nas costas. De tarde, baixo um aplicativo para acompanhar a gravidez. "Seu bebê está do tamanho de uma lentilha" é a primeira informação que aparece. Me dou conta de que talvez ele também esteja fazendo uma força descomunal para se desenvolver. Sinto que somos dois a fazer força.

3 DE JULHO

Ontem fui ao laboratório buscar os potinhos para o exame de fezes. Tentei de todas as formas escapar, mas a médica foi categórica e me contou que grávidas podem ter infestação de vermes por causa da baixa imunidade no início da gravidez. A informação me deixou transtornada; tenho pavor da ideia de ter vermes dentro de mim. Aliás, nunca consegui superar o trauma que foi ver a ilustração de uma tênia num livro de biologia da quinta série.

No caminho, Luiz começou a falar alguma coisa sobre a dificuldade do último mês de gestação. Pedi para ele parar, mas ele continuou. Aumentei a música do carro e ele abaixou, voltando a falar das gestações de sua ex-mulher. Depois fez uma piada sem graça sobre gravidez e, em questão de segundos, sem me dar conta, eu estava fora do carro, no meio da avenida Angélica, gritando com ele pela janela. Não satisfeita, executei um *grand finale*, levantando o dedo do meio na direção do carro e vociferando:

"Vai tomar no cu, seu filho da puta!"

E voltei andando para casa.

Está claro para mim que aquela louca gritando no meio de uma avenida em São Paulo não era eu. Era um ser tomado por hormônios, náuseas e cansaço crônico. Hoje, depois de um juramento solene de que nunca mais o chamaria de filho da puta, Luiz me perdoou. Ele também pediu desculpas.

4 DE JULHO

Ouço uma voz masculina que me diz: "O nome do bebê é Benjamin". Acordo e conto para o Luiz, que rejeita a informação. Digo que também não gosto do nome, mas que ele me foi comunicado em sonho e não posso ignorar. Pode ter sido um anjo ou o próprio bebê, vai saber. Luiz fica irredutível, diz que não gosta do nome e que eu devo ter pensado na padaria Benjamin antes de dormir. Afirmo que o bebê vai se chamar Benjamin, mesmo ainda não sabendo o sexo dele. Luiz vai tomar banho e eu continuo deitada, vislumbrando toda uma vida de discordâncias e argumentações sobre a educação do nosso filho. Ou filha.

5 DE JULHO

O pouco efeito que o Plasil fazia parou de fazer. Sinto arrepios no corpo todo quando a onda de enjoo piora e tenho a terrível sensação de que nunca mais vou sair desse estado. Todos dizem que no segundo trimestre passa, mas a perspectiva de mais cinco semanas nessa condição é desesperadora.

Não consigo parar de pensar naquela comédia hollywoodiana com Adam Sandler, *Click*, em que o personagem, com a ajuda de um controle remoto, acelera os momentos chatos da vida. Gostaria de poder acelerar esse começo de gravidez, mas depois lembro que o personagem se dá muito mal no filme e acaba entendendo que deve viver no tempo certo todos os momentos da vida, os melhores e os piores. Com certeza o roteirista de *Click* nunca teve enjoos gestacionais.

6 DE JULHO

Muitos dos momentos mais difíceis da minha vida tiveram como fundo a trilha sonora de uma reforma ou de uma obra em construção. Este não é diferente: bastou flexibilizarem o lockdown, e todas as obras do quarteirão foram retomadas a todo vapor. Sento no chão do boxe do banheiro e choro. É um mal-estar generalizado, e a simples tarefa de escovar os dentes é uma prova olímpica. Não consigo arrumar a casa nem cozinhar. Sinto uma fome que parece ter aberto um buraco no estômago, mas não tenho vontade de comer. Carrego um saco de bolachas de água e sal pela casa enquanto tento decorar o texto da peça.

7 DE JULHO

Tenho evitado falar com os amigos e fugido dos grupos de WhatsApp. Não consigo dizer que está tudo bem e ainda não posso contar da gravidez. Respondo mensagens em tom evasivo, dizendo que estou cansada da pandemia. Agora revezo o Plasil com o Meclin; em alguns momentos sinto que estaria pior sem eles, em outros tenho a sensação de que estou tomando placebo.

Luiz desistiu do home office e vai todos os dias para a produtora, onde trabalha numa sala vazia. Ele estava ficando um pouco deprimido por trabalhar só em casa e acho que também tá querendo fugir um pouco de mim e dos meus enjoos. Ontem fiz uma videochamada para me certificar de que ele estava realmente sozinho, o que o deixou bem chateado. Ele tem razão, mas ando paranoica com a covid, porque se no meio disto tudo que estou vivendo ainda entrar um vírus desse no meu corpo, vou colapsar.

8 DE JULHO

Sinto que preciso contar para a minha mãe. Luiz está apavorado com a questão da grana e eu passo cada dia pior. Preciso de alguém que comemore esta gravidez por nós dois. Ligo para ela e ela dá gritinhos, comemora, chora, diz que vai me ajudar com a minha alimentação e me dar um presente. Peço um pijama bonito.

9 DE JULHO

Minha médica me receita probióticos. Faço as contas e chego à conclusão de que gastarei uma fortuna com eles. Ela sugere que eu tome Yakult até encontrar outra marca mais em conta. Coloco trinta garrafinhas no lugar mais alto da geladeira e peço que o Luiz avise seus filhos, a Letícia, de vinte anos, e o Vítor, que vêm nos fins de semana, para não tomarem o Yakult. Ele diz que, se for preciso, pode comprar mais.

"Prefiro que ninguém tome, pode ser?"

Ele fica indignado comigo e começa a discutir. Eu mal consigo ficar em pé e meus olhos se enchem de lágrimas.

"Só não quero que tomem meu Yakult", murmuro.

Ele continua seu discurso inflamado, como se eu fosse a madrasta má do desenho da Disney. Explodo.

"Nada mais é meu aqui e tem um bicho crescendo dentro de mim! Alguma coisa tem que ser só minha, nem que sejam esses Yakults!"

Ficamos mudos, os dois.

"Meus filhos não gostam de Yakult", ele diz.

Dormimos brigados.

14 DE JULHO

No domingo liguei chorando para a médica. Há semanas me sinto presa numa roda de Samsara de enjoos, calafrios, gases e dores.

"É uma coisa bárbara!", disse a ela. "As mulheres deveriam ganhar um prêmio por trazerem pessoas ao mundo."

De fato, tenho pensado muito nas mulheres grávidas que precisam acordar ainda de madrugada, pegar três conduções até um emprego onde passam mais de oito horas com enjoo, sentadas em cadeiras duras — às vezes nem isso —, sem ter onde se escorar depois do almoço. Me dói pensar nelas. A médica diz para eu tentar o Dramin B6. Corro à farmácia, tomo o remédio e meu enjoo cessa por algumas horas. Prometo fazer um altar para o Dramin B6, com velas e oferendas.

Os ensaios caminham devagar, mas a peça está ficando boa. É baseada no livro *Manual da demissão*, da escritora carioca Julia Wähmann. Sou uma atriz que geralmente decora até bula de remédio, mas minha memória não está cem por cento. Me lembro de relatos de grávidas que diziam se sentir mais burras e de outras que atravessavam faróis vermelhos sem perceber. Perguntei à médica se ela achava que minha cabeça daria conta de fazer um monólogo de mais de quarenta minutos ao vivo. Ela me respondeu com a seguinte frase:

"Converse com seu bebê; ele não está aí para te atrapalhar."

15 DE JULHO

O Dramin B6 não surte mais efeito e eu resolvo parar de tomar todos os alopáticos e só manter os naturebas. Faço aulas on-line de ginástica e caminhadas, mas sinto um cansaço brutal. Há dias um desejo insistente de comer morango e croissant de amêndoa me atormenta.

17 DE JULHO

Tinha uma reunião on-line importante às seis da tarde. Faltando dez minutos, separei minhas notas, um copo d'água e fui fazer xixi. Ao me limpar, encontro uma mancha de sangue escura no papel higiênico. Congelo. Uma voz dentro de mim me diz com frieza: "Não surta". Telefono para a médica, que me manda ir imediatamente a um pronto-socorro. Ligo para o Luiz e ele diz que chega em vinte minutos. Desmarco a reunião alegando uma emergência médica. Nunca desmarquei uma reunião em cima da hora e, por um segundo, penso como um filho realmente muda tudo.

Na recepção do pronto-socorro, olho para a máquina de cappuccino e penso em quem seria louco de se aventurar a tirar a máscara num hospital, no meio desta pandemia, para tomar um café. Vinte minutos depois, eu estou sem máscara, devorando uma banana.

A médica enfia o transdutor do ultrassom dentro de mim e sinto um incômodo.

"Você tem mais de um bebê?", ela pergunta.

"Não que eu saiba", respondo, aflita.

"São dois, são dois!", Luiz grita de repente.

"Você tá me zoando?", eu digo e olho para o monitor, onde dois saquinhos se agitam como numa videoarte psicodélica dos anos 1980. Começo a chorar descontroladamente.

"Minha vida acabou", é a primeira coisa que eu digo entre soluços.

Luiz começa a gargalhar histericamente, repetindo: "Sua vida só começou…".

Ele ri e eu choro, até que a médica pede que a gente se acalme, pois a minha agitação estava afetando a visibilidade no ultrassom. Em estado de choque, ouvimos o coração dos bebês. Dois corações: eles realmente existem. O sangramento não é grave e ela receita óvulos de progesterona e abstinência sexual.

19 DE JULHO

Escrevo no grupo da reunião cancelada e digo que está tudo bem, que tive uma emergência ginecológica. Depois me lembro desses programas bizarros de tevê em que as pessoas chegam ao pronto-socorro com garrafas e legumes entalados no ânus, e torço para que a leitura de "emergência ginecológica" do grupo não seja essa.

Assisto a séries e filmes envolta numa nuvem de perplexidade e enjoo. Não me lembro de nada do que vi neste fim de semana. De vez em quando, eu e Luiz parávamos o filme e olhávamos um para a cara do outro. "São dois!", repetíamos.

Conto da gravidez para meu pai, minhas irmãs e umas poucas amigas. Todos me perguntam se estou feliz.

"Estou enjoada, não dá pra ser feliz enjoada", respondo.

20 DE JULHO

Acordo assustada às quatro da manhã. "São dois", lembro. Não fosse pelo sangramento, só saberíamos dos gêmeos daqui a um mês, na data do ultrassom morfológico. Nada me tira da cabeça que aqueles dois saquinhos fizeram a gente ir parar no pronto-socorro de propósito, só para a gente saber da existência deles. Danados.

21 DE JULHO

Sinto que estou no ponto mais alto da curva ascendente de enjoos. Segundo os especialistas, com a chegada do inverno, o Brasil atingiu o pico da primeira onda de contaminação. Queria poder sair, olhar com calma uma vitrine bonita, passar a tarde no sofá de uma amiga, pedir um guaraná com gelo no balcão da padaria. A gravidez é um estado solitário e o isolamento torna esse sentimento mais agudo.

E são dois.

Meu enjoo se estende a lugares. Às vezes estou no quarto e penso: "Imagine que enjoo eu ir pra sala agora". Ou me lembro da fila do supermercado e uma onda de mal-estar toma conta de mim. E só de pensar na lavanderia de casa, meu estômago revira. Aos poucos, o mesmo começa a acontecer em relação às pessoas.

23 DE JULHO

Acordo às seis da manhã, abro os olhos e digo para o Luiz: "Amor, estou feliz que vamos ter dois filhos juntos."

Ele sorri e diz que me ama. É a primeira vez, desde que engravidei, que sinto uma alegria genuína.

Não enjoei o dia inteiro, nem por um segundo.

25 DE JULHO

Associei a ausência de enjoo com a declaração de amor que fiz para o Luiz na quinta-feira. Desde então venho tentando repetir a técnica, para ver se consigo a proeza de não enjoar. Com certeza os resultados positivos só são alcançados com espontaneidade e desprendimento, pois não obtive sucesso algum. No fim do dia, fui com a minha mãe ao hospital, para fazer um novo ultrassom e ver se o sangramento tinha cessado. A médica não nos deixou fazer fotos. Ouvimos o coração de um dos bebês, e uma ansiedade gigante tomou conta de mim e só passou quando ouvi o coração do segundo. Está claro que, a partir de agora, tudo para mim será em dobro.

26 DE JULHO

Parto prematuro, pré-eclâmpsia, diabete gestacional, descolamento de placenta são alguns dos inúmeros riscos de uma gestação gemelar. Sem contar que a minha é considerada "geriátrica", termo que eu acho uma puta sacanagem. Mas o que eu mais tenho medo é do tamanho da barriga. Tenho medo de ela não aguentar e rasgar no meio. A médica me orientou a procurar uma nutricionista.

27 DE JULHO

Hoje é aniversário do meu pai e ligo para ver se ele quer vir jantar na minha casa. Ele atende a chamada de vídeo com uma cara estranha, num cenário inesperado: uma casa de praia. Estava lá sozinho.

"Cadê a Simone?", pergunto. "Vocês brigaram?"

Ele faz uma expressão de mistério e diz que precisava viajar sozinho. Escrevo no grupo de WhatsApp que tenho com as minhas irmãs que eu achava que o nosso pai estava se separando. Pergunto se alguém sabe de alguma coisa, e a Ines, minha irmã mais velha, dá uma resposta evasiva que deixa bem claro que ela está sabendo de alguma coisa que eu e a Marina não sabemos. Fico atormentada com a possibilidade da separação: meu pai está casado há 22 anos e, por mais que me incomodem alguns aspectos da sua vida, como a distância que ele tem de nós, estou habituada com essa configuração familiar.

29 DE JULHO

Hoje minha mãe me ligou preocupada, dizendo que testou positivo para covid, embora esteja assintomática. Fico com medo de que algo aconteça com ela. Como passamos um dia inteiro juntas, minha médica acha melhor eu fazer o teste. Um mau humor toma conta de mim. Que saco! Este vírus, este país, este presidente, esta máscara que obriga a gente a conviver com o próprio hálito por horas a fio.

30 DE JULHO

Todas as vezes que vou ao banheiro tenho medo de descobrir um novo sangramento.

1º DE AGOSTO

Depois de semanas ensaiando lado a lado com o mal-estar, escrevo para o meu diretor dizendo que não consigo mais. Não posso ser tão violenta e exigente comigo. Ele me entende, claro, mas fico triste e frustrada. Levar uma peça sozinha é como atravessar um deserto sem sombra, é um trabalho árduo, pede tudo do corpo. Me sinto capaz de escrever, gravar cenas, fazer uma apresentação, mas conduzir um espetáculo sozinha neste estado é tarefa grande demais. E não é fácil admitir isso.

2 DE AGOSTO

Testo negativo para covid.

4 DE AGOSTO

Luiz me manda um vídeo de uma menina com graves problemas de saúde e que, apesar das circunstâncias, fala da sua alegria de viver. O depoimento é lindo, mas peço que ele nunca mais me mande qualquer coisa parecida enquanto eu carregar dois bebês dentro de mim. Não há um só dia em que eu não pense na possibilidade de eles nascerem com alguma síndrome ou doença. Agito as mãos acima da cabeça, como se espantando os pensamentos, e repito: "Vai dar tudo certo, vai dar tudo certo, vai dar tudo certo".

7 DE AGOSTO

Hoje é aniversário do Caetano Veloso, e todas as músicas que ele cantou em sua *live* me fizeram chorar. Chorei até quando ele declamou um poema concreto e pediu para as pessoas ajudarem o Balé Folclórico da Bahia. Chorei no intervalo e quando a conexão caiu. Sinto que posso chorar ininterruptamente pelos próximos meses.

9 DE AGOSTO

Hoje é Dia dos Pais e decidimos contar para os filhos do Luiz sobre a gravidez. Eles ficam chocados. Vítor começa a chorar e diz que não quer nenhum irmão. Letícia sai correndo para o quarto. Fico só eu ali na cozinha, sentida. Me machucou eles não terem me abraçado nem me dado parabéns. Mas entendo; sou filha de pais separados e conheço a dor de ter que dividir nossos pais com os outros. Aos poucos, eles se acalmam. Vítor diz que, depois de "renderizar" o assunto, achou legal ter mais irmãos ou irmãs. Letícia volta com perguntas e, embora seja mais velha, sinto que é mais difícil para ela digerir a notícia. Ainda que eu tenha ficado frustrada com o desenrolar do dia, olho bem para os dois e me dou conta de que eles não são mais apenas os filhos do meu companheiro, algo que eu vinha aprendendo a lidar com dificuldade. Agora eles são irmãos dos meus filhos, parte da minha família afetiva e biológica. E fico feliz com isso. Acho bonito os gêmeos nascerem e já terem outras companhias neste mundo. Depois do almoço, me deito no sofá, exausta e melancólica.

10 DE AGOSTO

Estou viciada em *Vale Tudo*, uma novela da Globo de 1988, que agora está no *streaming*. Tem dias que faço correndo tudo o que tenho que fazer e, antes de o pior enjoo do dia bater, me deito no sofá e assisto a vários capítulos até o Luiz voltar para casa. Hoje ele me disse que toda noite, quando chega e olha para mim no sofá, tem a impressão de que apanhei o dia todo. "É exatamente isso que acontece", respondi.

11 DE AGOSTO

Desde o começo da pandemia estou envolvida num projeto de adaptação da peça *5x comédia* para o audiovisual. Monique Gardenberg, diretora-geral, chamou o Charly Braun para dirigir um dos episódios, e ele me convidou para escrever junto com ele e para atuar. Monique está negociando a venda do projeto. A série será toda filmada remotamente. O projeto estava previsto para abril, foi adiado para junho e até agora nada. Esperamos ansiosamente por uma aprovação da plataforma, com a liberação da verba. "Cadê esse *green light*?", escrevo para o Charly a cada três dias.

Faço as contas de quando minha barriga de grávida vai começar a aparecer, torcendo para o projeto ser aprovado logo. Preciso do cachê e tenho muita vontade de fazer a personagem. Quero juntar os hormônios com a atriz e a câmera. Hoje resolvi contar da gravidez para o Charly, com medo de que ele queira filmar com outra atriz. Mas ele disse que vai fazer comigo e que vamos disfarçar a barriga até quando for possível. "Ou podemos fazer a personagem grávida", sugiro.

12 DE AGOSTO

Maria, minha amiga, veio do Rio para ensaiar uma peça e está hospedada em casa por uns dias. Fico na dúvida se é um risco recebê-la. Mas tanto ela quanto os colegas de ensaio fizeram o teste de covid. Ela chega com um buquê de flores e um presente, uma camiseta estilo rock 'n' roll para eu usar com a barriga grande. Fico feliz. De noite pedimos uma comida e conversamos até tarde. Ter uma amiga no sofá dá um gostinho de vida normal.

14 DE AGOSTO

Estou na 12ª semana de gestação e os enjoos começam a diminuir. A moça do laboratório veio em casa colher amostra de sangue para o Nipt, um teste caríssimo que o plano de saúde não cobre e detecta todas as possíveis síndromes e doenças genéticas que o feto pode ter. Tempos atrás, quando via minhas amigas grávidas fazendo o teste, tinha certeza de que quando fosse a minha vez eu não ia querer fazer. Hoje sinto que só terei paz quando o resultado sair. Dizem que a maternidade é um eterno cuspir para cima e cair na testa. Tenho a sensação de que tudo o que planejei e falei que faria está saindo ao contrário.

16 DE AGOSTO

Ontem vim dormir na casa da minha mãe. Eu e Luiz temos brigado muito e sinto que isso faz mal aos bebês. Já disse a ele que sou café com leite, que não podemos brigar, que meu corpo não tem energia para isso. Mas Luiz insiste em levar as discussões até o fim. Ele me ajuda em tudo, faz massagem no meu pé, é meu parceiro, mas não tem dimensão do que é uma gravidez. Nenhum homem tem. Se os homens engravidassem, o mundo seria um lugar diferente. Combinei de ficar autoexilada na minha mãe até amanhã, na hora do ultrassom.

17 DE AGOSTO

A verdade é que estamos os dois muito nervosos com o ultrassom morfológico, que é o exame que estuda detalhadamente a anatomia fetal. Na clínica, Luiz anda em círculos, enquanto eu me sento com a dra. F., que fala sem rodeios do quanto minha idade aumenta os riscos dos meus filhos terem "alterações". A palavra me causa um arrepio profundo e, enquanto ela enumera as possíveis "alterações", lágrimas brotam dos meus olhos sem que eu perceba. "Relaxa", ela diz, e tenho vontade de gargalhar.

O timing dela é estranho, mas a dra. I., minha ginecologista, me garantiu que a dra. F. é a melhor de todas nesse exame. Enquanto a dra. F. arruma a sala, reparo em como ela é bonita: ruiva, olhos verdes, pernas enormes. Na verdade, é linda e, por um segundo, penso que a beleza dela não parece ter sido atravessada pela maternidade.

"Você tem filhos?", pergunto.

"Não", ela responde.

"Quantos anos você tem?", continuo.

"Quarenta e quatro", ela diz.

"Você não quis?", insisto.

"Eu não consegui", ela finaliza, sem rancor na voz.

Peço desculpas. O diálogo foi tão rápido e os hormônios pioraram tanto meus filtros sociais (já tão escassos), que na hora não percebi o quanto estava sendo invasiva. Só estava impressionada pela beleza dela.

Durante o exame, eu e o Luiz mal conseguimos respirar. A cada etapa vencida, a cada pedacinho de feto que cumpria os requisitos necessários, um pouco mais de ar entrava na gente. Foi uma hora para cada bebê até relaxarmos completamente. Ela não conseguiu ter 100% de certeza de que os dois bebês estão na mesma placenta, mas, ao que tudo indica, serão idênticos. Dois meninos. Me aflige a ideia de eu não conseguir diferenciar um do outro. "A gente tatua eles", Luiz brincou. Ele sempre consegue fazer uma piada quando preciso. A dra. F. observou certa resistência nas minhas artérias, o que no futuro pode causar pressão alta. Ela e a dra. I. me prescrevem um AAS por dia como prevenção. No fim, fiquei feliz por ter feito o exame com ela.

Aliviado, Luiz fuma um cigarro assim que saímos de lá. Quando chegamos em casa, peço para ele escovar os dentes e damos um longo beijo na boca, de língua.

"A gente não pode ficar tanto tempo sem fazer isso", digo.

24 DE AGOSTO

Quando conto que estou grávida, as pessoas sorriem, aplaudem. Daí emendo falando que são gêmeos, e a cara delas muda. Por um segundo deixam escapar uma expressão de "coitada". Logo em seguida disfarçam e sorriem mais, dizendo que a alegria será dobrada.

"Gêmeos? E foi fertilização?"

"Não, foi sexo mesmo."

25 DE AGOSTO

Maria veio me visitar novamente e leu um trecho da peça que ela está ensaiando, escrita pela Fernanda Young. A maternidade, diz o texto, é uma "felicidade que vem com uma amputação". "Uma mulher, para ser boa mãe, precisa, fortemente, proteger o seu indivíduo."

Não consigo parar de pensar nas frases da peça. A vida inteira tive a sensação de estar numa batalha armada para proteger o meu "indivíduo". Protegi o meu indivíduo do bullying nível três que sofri na pré-adolescência, das expectativas da minha família, da falta que eu sentia do meu pai médico tão ocupado. Protegi o meu indivíduo da minha pequena farda de escoteira mirim, de três assédios sexuais, do divórcio litigioso dos meus pais, do excesso de liberdade que me concederam, das relações abusivas, do padrão estético tipo rolo compressor que insistiam em passar sobre o meu corpo fora de padrão. Protegi o meu indivíduo do desencanto.

E, assim, de um segundo para o outro, me sinto forte. Sou ph.D. em proteger o meu indivíduo, sei disso com a mesma clareza que sei que a Terra é redonda. Na verdade, tudo o que eu preciso talvez seja parar de proteger meu indivíduo.

26 DE AGOSTO

Vou almoçar na casa dos meus avós. Ele tem 95 anos; ela, 94. Sou apaixonada por eles. Conto da gravidez, e meu avô fica me olhando intrigado, como se buscasse vestígios da notícia nos meus olhos. Já minha avó, que tem mal de Parkinson há mais de cinquenta anos e filtros sociais mais escassos que os meus, sorri e diz:

"Que alegria!"

Quando conto que são gêmeos, ela arregala os olhos azuis e balança as mãos nervosamente.

"Meus pêsames, vão dar um trabalho louco."

Eu e minha mãe gargalhamos.

"São seus bisnetos, vovó…"

Então ela emendou a tempo, dizendo que eram uma bênção divina.

29 DE AGOSTO

Às vezes sinto vontade de beber e fumar.

Hoje saiu a aprovação do projeto. Vamos filmar. Charly e eu conversamos com Monique, e ela não vê problema em disfarçar a barriga ou até em eu fazer a personagem grávida. Resta saber se os donos do dinheiro também estão de acordo. Uma felicidade imensa toma conta de mim. A verdade é que, agora que os enjoos diminuíram, a ideia de passar os próximos meses gestando, falando e vivendo da maternidade me entedia.

Semana que vem farei uma diária de filmagem para uma campanha institucional de uma companhia aérea. O roteiro é sobre todos os protocolos adotados pela empresa durante a pandemia.

1º DE SETEMBRO

Sonhei que eu estava casando com o Caetano Veloso e que o Luiz tinha virado meu amante. Na festa me lembrei que eu tinha esquecido de contar ao Caetano que eu estava grávida de gêmeos. Para o meu alívio, ele comemorou a notícia. No meio do sonho percebi que minhas melhores amigas não estavam na festa. Saí do salão e encontrei uma delas, a Maria Manoela, emburrada num sofá de vime. Ela me disse: "Eu não vou ao seu casamento, não porque você abandonou o Luiz para ficar com o Caetano, mas porque é um absurdo você promover essa aglomeração durante a pandemia". "Mas é o Caetano, Manu", eu respondi. "É, pode ser", ela ponderou.

Acordo, conto o sonho para o Luiz e ele me fala que ia adorar ser meu amante. Rimos. Ele sugere que a gente dê o nome de Caetano para um dos bebês.

No fim de semana, minha irmã caçula ligou para contar que está noiva. Na chamada de vídeo, ela sorriu muito e mostrou um anel delicado com uma turmalina azul da cor dos olhos dela. Fiquei emocionada. Tenho me emocionado com tudo. Com pessoas que passeiam diariamente com seus cachorros na praça Buenos Aires, com alguém rasgando o papel do picolé do outro lado da rua, com meu pai, minha mãe e minhas irmãs. Eles existirem me emociona. Sei que essa percepção melodramática da vida tem a ver com o excesso de hormônios que circula pelo meu corpo. Por isso faço notas mentais — quero me lembrar disto no futuro, já que não pretendo engravidar novamente.

Anos atrás fui a um numerólogo e ele me disse que a numerologia do meu nome era de quem ia ser mãe de gêmeos. Lembro bem da cena, eu ri alto e disse: "É bom mesmo, porque, se for pra vir mais de um, que venham de uma vez só. Eu só vou engravidar uma vez".

Chega uma nova mensagem do aplicativo: "Seus bebês estão do tamanho de uma maçã".

2 DE SETEMBRO

Faz mais de duas semanas que eu e o Luiz brigamos porque eu quero fazer o quarto dos bebês ao lado do nosso, onde atualmente é o quarto da Letícia. Ele não quer mudar a filha de lugar, porque ela pode ficar chateada. Argumento que o quarto para onde ela vai é maior e que eu não posso ficar atravessando um longo corredor, de madrugada, com dois filhos nos braços e o peito vazando leite só porque ele tem medo de chatear a Letícia, que, no auge dos seus 21 anos, muito provavelmente não vai se chatear com isso. Ele simplesmente diz "Não e ponto!". Assim mesmo, enfatizando em voz alta. O autoritarismo que ele destila em algumas discussões me deixa completamente louca. É como se ele despertasse o monstro que mora dentro de mim. Diante desse impasse insolúvel de comunicação, decidimos que só um mediador poderá nos salvar e marcamos, pela primeira vez, uma consulta on-line com a Roseli, terapeuta do Luiz.

3 DE SETEMBRO

A primeira coisa que Roseli diz é que, obviamente, o quarto dos bebês deve ser ao lado do nosso. Um gostinho de vitória escorre do meu sorriso, mas não dura muito. Roseli pede que eu fale dos meus medos. Eu simplesmente não consigo parar de enumerar: medo de nunca mais dormir, de não ter dinheiro suficiente, da minha barriga explodir, da minha barriga ser tomada por estrias gigantes e parecer um vale cheio de cânions vistos de cima. Medo dos bebês acabarem com meu casamento, do meu corpo ficar horrível, de eu não ter mais trabalho, medo, pavor do parto, do bico do meu peito rachar e sangrar enquanto amamento, de ter depressão pós-parto, de me entediar, dos meus filhos morrerem na barriga, de nascerem pequenos demais, de eu virar uma mãe louca, de não amá-los, da minha vagina rasgar num parto normal, das sete camadas do corte profundo de uma cesárea, de inchar sem parar, de emburrecer, de me tornar uma mulher desinteressante, do Luiz não me amar mais. Não consigo parar. Luiz fica imóvel como uma estátua ao meu lado, enquanto Roseli ouve atenta pela tela do computador. Ela faz a mesma pergunta para ele. Luiz para por alguns instantes, mas não consegue lembrar de nada.

"Você não tem medo de nada?", pergunto.

"Acho que não", ele responde.

Ela pede que ele olhe para mim e diga para eu não ter medo, que ele está comigo, que está comigo para tudo. Há meses espero ouvir isso. Choro. E como se fosse o primeiro take de um ator inexperiente e desaquecido, Luiz olha para mim e repete, meio descrente, mas com alguma verdade, o texto proposto por Roseli. Tenho vontade de pedir que ele repita o take, mas me seguro. Nos abraçamos. É irônico que ele seja a pessoa que não tem medo de nada, mas que saia da sessão com a prescrição de um tarja preta.

4 DE SETEMBRO

Tarde da noite, Luiz me chama na sala e diz que está com uma taquicardia estranha. Coloco o dedo em seu pescoço e sinto o pulso acelerado. Fazemos juntos um exercício de respiração e ele melhora. Insisto, pela décima vez, que ele tem que fazer um check-up, que ele tem que fazer um esporte, que ele tem que comer fruta e não pode tomar Coca-Cola em todas as refeições. Nem eu tenho saco para me escutar, minha voz parece chata, mas tenho medo de ele morrer e me deixar sozinha com dois filhos no mundo.

5 DE SETEMBRO

Meu pai vem jantar em casa e, depois que comemos, Luiz começa a ter a mesma taquicardia de ontem. Peço para meu pai examiná-lo e ele passa um minuto ouvindo o coração do Luiz. Depois faz uma cara grave e escreve um pedido com uma penca de exames.

A cada dia meus pensamentos trágicos ficam mais recorrentes. Coisas terríveis passam pela minha cabeça. Conto para o Luiz e ele pede exemplos. Explico:

"Eu tomo água dessa garrafa pesada e imagino que eu poderia esmagar o seu crânio com ela."

Ele me olha assustado. Explico que não tenho vontade de fazer isso, que são apenas hipóteses. Eu não tenho vontade de nada, eu só penso: "E se eu enlouquecesse e batesse com essa garrafa na cabeça dele? E se eu me jogasse na frente desse carro?". Pensamentos sanguinários que não combinam em nada com a paleta de tons pastel que devo escolher para o quarto dos bebês.

6 DE SETEMBRO

Meu avô João está internado no hospital com pneumonia. O teste de covid dá negativo, mas ele não está nada bem.

7 DE SETEMBRO

Até ontem não havia uma só saliência na barriga. Justo hoje, no dia da prova de figurino do filme institucional que farei em dois dias, minha barriga acordou saltada para a frente. A figurinista vem aqui em casa, tiro a roupa na frente dela, para ver se ela percebe alguma coisa, mas ela não diz nada. Escolhemos uma roupa preta. Talvez eu devesse contar para o diretor que estou grávida, mas, como ainda não contei para ninguém, me dou o direito de permanecer calada. Sinceramente, grávida no meio de uma pandemia e sem licença-maternidade remunerada, preciso mais do que nunca trabalhar.

9 DE SETEMBRO

Chego ao set de filmagem, o primeiro em tempos de pandemia. Toda a equipe testada, mascarada, distanciada, com refeições embaladas individualmente. O mundo nunca mais será o mesmo. Me sento no camarim para ser maquiada, e é estranha a sensação de estar grávida e ninguém saber. Em pé, vestida de preto no fundo infinito verde-limão, fico aflita com o teleprompter. O diretor havia dito que eu não precisava decorar o texto, mas, assim que a gravação começa, me arrependo de não saber minhas falas de cor. As frases são longuíssimas, cheias de vírgulas e pensamentos que se encadeiam sem a esperança de um ponto-final. Meu corpo não é o mesmo e estou completamente paranoica com a possibilidade de a minha barriga me denunciar. Tento encolhê-la o máximo que consigo, enquanto me esforço para recrutar o ar necessário para dar conta das frases enormes que o teleprompter não para de cuspir na minha frente. É um malabarismo complexo respirar fundo e encolher a barriga ao mesmo tempo. Pareço uma personagem de novela dos anos 90, aquela impostora mal-amada que envolve a barriga com uma faixa enquanto trama contra a mocinha. Vou até o banheiro e respiro fundo algumas vezes diante do espelho. Volto para o estúdio e só saio de lá cinco horas depois, quando tenho certeza de que o material ficou bom. No final da diária, Charly me escreve dizendo que as filmagens da série vão atrasar, que a minha barriga estará grande demais e que ele vai ter que procurar outra atriz. Por alguns minutos fico arrasada, mas respondo que até amanhã mandarei uma nova versão do roteiro com a personagem grávida. Ele concorda, mas pede que eu baixe as minhas expectativas, porque acha que o streaming não vai topar. Escrevo para Monique pedindo autorização para fazer a adaptação. Ela concorda, mas acha difícil eles comprarem a ideia de uma personagem grávida que faz sexo on-line.

11 DE SETEMBRO

Acordo e envio a nova versão do roteiro adaptado, anexada ao e-mail mais convincente que consigo escrever. Me sento para fazer xixi e, sem perceber, falo em voz alta: "Meu avô vai morrer". Levo um susto. Meu avô João é o primeiro amor da minha vida e, mesmo separados por mais de cinco décadas, é a pessoa que mais me entende neste mundo. Dou a descarga e vou até a cômoda pegar o celular que está tocando. Minha irmã está chorando do outro lado da linha: "O vovô morreu". Em menos de cinco minutos, ela adentra a minha sala aos prantos. Meia hora depois, chega a minha mãe e depois a Marina e o Luiz. Peço hambúrgueres para todo mundo. Não consigo chorar. Sempre tive medo de perder meu avô, há mais de dez anos me preparo para a sua morte, há mais de dez anos ensaio a minha dor e agora tudo o que sinto é um vazio no peito, apesar dos três corações que batem dentro de mim. Meu tio Kiko liga e diz que conversou no hospital e que podemos passar lá para ver o corpo. Apesar de ter testado negativo, ele está na ala de covid. Minhas irmãs acham arriscado eu ir. Olho para o Luiz, que sabe que eu não vou me perdoar se não me despedir dele. "Vai", ele diz. Entramos em duplas na ala do hospital que nos levará ao quarto dele, todos de máscaras e cobertos por aventais e luvas. Todos ao redor estão igualmente protegidos, o que me dá a sensação de estar nos corredores de uma nave espacial. Vejo meu avô morto na cama.

Pego o celular e coloco uma valsa vienense para ele ouvir. Ele adorava música clássica, passou parte considerável de sua vida sentado na poltrona de camurça da biblioteca lendo e ouvindo valsas, óperas e sinfonias. Choro. Queria muito que ele conhecesse meus filhos.

15 DE SETEMBRO

Meu pai vem jantar e me contar oficialmente que está se separando. Falamos sobre sua separação e menciono o quanto ele me magoou nos últimos 22 anos. Não sei se são os hormônios, mas não consigo não dizer. Ele puxa o ar, demonstrando certa impaciência para me ouvir. Falo o quanto acho errado ele ter colocado seus dois enteados e suas três filhas no mesmo lugar de importância. Ele rebate dizendo que assim é que é o certo quando a pessoa se casa com alguém que tem filhos. Discordo. Por mais que eu venha construindo uma relação amorosa com Vítor e Letícia, eles jamais serão meus filhos, inclusive porque eles têm mãe. Repito como se grifasse as palavras com caneta fluorescente: filhos são filhos, enteados são enteados. Ele se irrita comigo. Desde que meu pai se casou com a Simone, foram raros os momentos que tive a sós com ele, sem ter ela ou os filhos dela como testemunhas. Muitas vezes exagerei numa doença e marquei consultas médicas apenas para poder ficar pelo menos vinte minutos sozinha com ele. Quando eu telefonava para combinar um encontro, ele me mandava ligar para a Simone e combinar tudo com ela. Eu ficava puta por ele sempre colocar um intermediário entre nós. Sofria de rejeição e ciúmes, porque ele costumava sair para jantar com os enteados e esquecia de nos chamar. Eu ligava no meio do jantar e perguntava por que ele não tinha chamado a gente, e ele respondia que havia sido de última hora, não tinha dado tempo de avisar. Materialmente sempre tive a impressão de que ele privilegiou os enteados, mas o que doeu mais foi o privilégio emocional. Nesses vinte e poucos anos, Simone, minha madrasta, foi minha amiga e também um pouco minha mãe. É uma pessoa importante na minha vida. Tenho muita gratidão por ela ter me acolhido, uma sensação que se mistura à mágoa por ela ter compactuado com os erros do meu pai. Estou no meu terceiro casamento com enteados e, em cima da minha pilha de erros e acertos, sei o quanto uma madrasta pode ajudar ou atrapalhar a relação entre pais e filhos. Mas a conversa parece não chegar a lugar nenhum, e a gente passa o resto do jantar meio quieto.

Mais tarde, na cama, o flashback: final de julho de 1997, eu tinha dezesseis anos e havia passado um mês fora de casa. Estava me sentindo muito adulta por ter viajado sozinha e quase não tinha telefonado para casa durante as férias, com exceção de um rápido telefonema para pedir autorização para saltar de bungee-jump. Me lembro de estar chateada por ter engordado. Meus pais foram me buscar no aeroporto e ainda guardo no corpo o susto que levei quando eles me contaram que estavam se separando, enquanto empurravam minha mala enorme para dentro de casa.

Anos depois, minha mãe me contou que meu pai já queria sair de casa havia muito tempo, mas que ela tentou adiar o momento de todas as formas. Um dos motivos foi porque essa minha viagem já estava marcada e ela não queria estragar minhas férias.

17 DE SETEMBRO

Hoje foi a missa de sétimo dia do meu avô João. Muita gente ligou e escreveu, querendo ir à cerimônia, então foi triste ter que fazer uma homenagem restrita à família. Usei um vestido preto bonito e subi no altar para ler o texto que escrevi. Minha avó estava sentada na primeira fila, rezando e cantando as músicas. Fiz um exercício de autocontrole enorme para não chorar durante a leitura. Depois, almoçamos juntos na casa dela e eu contei que gostaria de chamar um dos meus filhos de Maximilian, em homenagem ao avô dela. "Maximilian Emil Hehl", ela disse, com um sotaque perfeito, "um homem maravilhoso." Maximilian era alemão e foi o arquiteto da Catedral da Sé. Quando eu era adolescente, me lembro que, na volta das baladas, passava de carro, embriagada, atrás da catedral e sentia uma emoção ao pensar que um ancestral meu tinha desenhado aquele lugar. Com o passar dos anos, comecei a dizer a mim mesma que, se um dia eu tivesse um filho homem, ele ia se chamar Maximilian. Quando descobri a gravidez e tive o sonho com o nome Benjamin, fiquei um pouco chateada de não poder dar ao meu filho o nome com que sempre sonhei. Com a notícia dos gêmeos, posso enfim homenagear meu tataravô e ao mesmo tempo obedecer a voz do sonho.

Conto pro Luiz que minha avó gostaria muito que um dos nossos filhos se chamasse Maximilian, e ele ri, dizendo que é uma espécie de coação o que eu estou fazendo, já que ele ainda não aprovou os nomes dos bebês. Não aprovou, mas também não sugeriu nenhuma outra opção.

Minha avó não menciona meu avô no almoço todo. Sessenta anos juntos. Sei que ela está de luto. Observo seu luto: é um luto dolorido, vivido de forma não linear e não racional. Tenho pena dela e depois sinto culpa de ter pena dela.

Saindo do almoço, recebo um e-mail bonito da Joana, chefe do projeto da série, dizendo que a versão grávida do roteiro foi aprovada e que a equipe que analisou é composta majoritariamente por mulheres. Ela diz que nenhuma mulher deve ser punida pela maternidade, que eu venho trabalhando há tempos no projeto e que, se eu quero fazer e acho que darei conta, então elas também apostam nisso. Fiquei feliz.

18 DE SETEMBRO

Meu drama com a alimentação gestacional pandêmica continua. Não consigo pisar na cozinha, estou com pavor de comida congelada e tenho gastado muito pedindo pelo aplicativo. Meu paladar de grávida é um senhor de oitenta anos, mimado, mal-humorado e intolerante. Depois de algumas indiretas no grupo de WhatsApp da família, minha irmã Ines se compadece de mim e me chama para almoçar lá duas vezes por semana.

26 DE SETEMBRO

Hoje fomos até o Carmelo de Cotia, onde minha tia-avó Alba, irmã da minha avó Flora, passou mais de cinquenta anos enclausurada como freira carmelita. As freiras organizaram uma missa em homenagem ao meu avô João, seguida de um lanche para a família. Durante as missas, as freiras ficam num espaço gradeado à esquerda, e só é possível vê-las do altar ou bem à direita da nave. Eu estava sentada do lado esquerdo da igreja, arrependida da saia apertada que havia escolhido, alheia às palavras do padre. De repente, as freiras começaram a cantar em coral e todos os pelos do meu corpo ficaram arrepiados. Imagens do meu avô surgiram de algum lugar do meu cérebro e desandei a chorar. Depois da cerimônia, contei para as freiras que estava grávida de gêmeos, elas ficaram loucas de alegria e me fizeram prometer que eu levaria os bebês para que elas conhecessem. Perguntei como estava sendo a pandemia, e uma delas respondeu que estão acostumadas a viver em isolamento. Fim de tarde, toda a família caminhou até o cemitério onde as irmãs são enterradas. Entramos no pequeno mausoléu e dei de cara com uma imagem comovente: uma coroa de flores em formato de cruz, com vários porta-retratos com fotos do meu avô e da minha avó. Pela primeira vez em semanas minha avó chorou, chorou e desandou a falar em alta velocidade e com muita clareza, apesar da dicção comprometida por suas décadas de Parkinson. Ela não parava de chorar, rir e agradecer as freiras, e chorou tanto que uma hora fiquei preocupada que ela fosse desmaiar.

30 DE SETEMBRO

Fui almoçar com a minha avó. Ela estava bem-humorada, comeu bastante, elogiou a comida várias vezes. Depois me sentei com ela no terraço e li um poema do meu bisavô Caio, seu pai, em voz alta. Quando cheguei na estrofe final, ela recitou de cor os últimos versos, e as lágrimas começaram a escorrer dos seus olhos.

Tenho desejo inflamado,
Ideia até mesmo louca,
Quisera ser sepultado,
Num cantinho dessa boca.

"Ele fez esse poema pra mim. Tenho saudade dele."
"De quem, vovó?", pergunto para saber se ela está falando do pai ou do marido.
"Meu pai. Por que ele se foi?"
Embora ela fale do pai, sei que está chorando pelo seu marido, meu avô. Me sinto culpada de ter provocado uma catarse tão dolorida. Coloco minhas mãos em cima do seu coração.

"Eu quero chorar", ela diz, como se pedisse permissão.

"Chora, vovó."

Mentalizo uma luz branca acalmando seu coração, e ela fica em silêncio por alguns minutos, chorando baixinho. Então diz:

"Sinto seu amor passeando por todo o meu corpo."

"Que bom, vovó. Você está sentindo certo."

6 DE OUTUBRO

Comecei a frequentar um grupo de grávidas on-line, comandado por Dulce Amabis, que há anos trabalha ajudando mães e pais de primeira viagem. A cada semana abordamos um tema e tiramos dúvidas. O mais importante é que criamos um grupo de WhatsApp de doze grávidas que estão em semanas de gestação parecidas, que vão ter bebês da mesma idade e formar (assim espero) uma futura rede de apoio. O primeiro encontro foi estranho, falamos de assuntos íntimos sem termos nenhuma intimidade estabelecida. Cada grávida no seu quadradinho do Zoom, em São Paulo, Salvador, Recife, Lisboa, Zurique. Fico olhando para todas aquelas carinhas cheias de hormônio, meio tensas, meio felizes, uma muito diferente da outra, com estilos de vida diversos, mas, lá no fundo, meio iguais. Mães. O grupo se divide basicamente em mães explicitamente panicadas e mães que fingem não estar panicadas. As dúvidas passeiam entre coisas banais, como usar algodão com água morna ou lencinhos umedecidos para limpar o bumbum do bebê, e questões profundas, como a importância do colo para um recém-nascido e o impacto que isso terá durante a vida dele. Em comum, todas têm muito medo de fazer cocô na frente de todo mundo durante o parto. Dulce falou uma frase que guardei como nota mental: "Parto bom é o parto possível".

8 DE OUTUBRO

Hoje finalmente tomei coragem e fiz um post no Instagram sobre a minha gravidez. Pus um vestido de oncinha e ensaiei poses. Menos de dez segundos depois da postagem, meu celular começou a tocar ininterruptamente, com os amigos e a família ligando. "São dois mesmo???" "Sim, dois!!!" Fui ficando emocionada e feliz, recebendo dezenas — que se tornaram centenas — de mensagens, formando uma onda gigante de amor. E de repente todo o mal-estar do início, os enjoos, as incertezas e os medos, o segredo, tudo ficou suspenso por algumas horas.

No fim do dia, tive uma reunião com meu consultor financeiro e montamos uma grande planilha de Excel com os novos e futuros gastos da vida com dois bebês. Depois calculamos mais ou menos quanto tempo eu poderia ficar sem trabalhar — se nenhum dinheiro mais entrar —, vivendo só do que juntei nos últimos trabalhos. Sete meses.

10 DE OUTUBRO

Entro na cozinha, o Luiz está sentado na mesa redonda, olhando para o celular. Explico que fiz minhas contas e que se, em sete meses depois de eu parir, eu não conseguir voltar a trabalhar, ele vai ter que me ajudar por um tempo. Ele olha para mim com uma expressão neutra e diz:

"Aí a gente refaz as contas."

Fico parada tentando entender o significado daquilo. Refaz as contas como? O que ele quer dizer? Ele deveria simplesmente dizer algo como: "Claro, deixa comigo" ou "Tamo junto, não se preocupe", qualquer merda dessas. Caminho pelo corredor em direção ao quarto me sentindo desamparada, eu e meus dois bebês. Deito na cama, choro e ele entra dizendo que não está entendendo nada. Falo do meu desespero e ele diz que é óbvio que vai me ajudar, se for preciso, até eu voltar a trabalhar.

"Mas não foi o que você disse", eu falo, magoada. "Você disse: aí a gente refaz as contas."

"Eu não disse isso!", ele se defende.

"Disse, sim, e isso é um grande problema para mim, porque eu sempre decoro o que as pessoas dizem, faz parte do meu trabalho decorar falas. Faço isso automaticamente, as pessoas esquecem o que disseram meio segundo depois, mas eu não."

Ele me acalma, explica o que quis dizer e me abraça.

A verdade é que, trabalhando como atriz, demorei para me tornar financeiramente independente — até os 27 anos, meus pais ainda me socorriam de vez em quando. Mas depois disso nunca mais precisei da ajuda de ninguém, muito menos de namorado ou marido. E só de me imaginar prestando contas para um homem me dá paúra.

11 DE OUTUBRO

Hoje minha mãe me comunicou que vai nos dar de presente uma quantia de dinheiro para nos ajudar nos primeiros meses. Coincidentemente, o pai do Luiz me escreveu dizendo que ia depositar um dinheiro na minha conta para ajudar com o enxoval. Fui dormir mais tranquila do que o habitual.

14 DE OUTUBRO

Estou apreensiva porque venho querendo chamar meus filhos pelo nome, mas Luiz não consegue concordar com os nomes que sugeri nem propor outros. Fico fazendo um esforço enorme para não me apegar aos nomes, mas está difícil. Para mim, eles já são Max e Ben.

16 DE OUTUBRO

Hoje vamos fazer a primeira prova de figurino da série. Nunca na vida achei que um dia isso fosse acontecer de forma virtual. Separo uma pilha de roupas minhas que eu e a Marina, a figurinista, achamos que tinham a ver com a personagem e provo todas na frente do computador, com um monte de gente assistindo, anotando e tirando fotos da tela. Tiro as medidas do meu corpo, para que ela possa depois comprar novas peças, e no fim de tudo estou completamente exausta e com um armário de cabeça para baixo. Me bate um certo medo de eu não dar conta, de passar mal, de a médica me impedir de filmar ou de eu ter alguma complicação na gravidez. A série toda será filmada aqui no apartamento, comigo e com o Luiz, que, eu garanti solenemente para o Charly e a Monique, daria conta de ser meu parceiro de cena. Umas duas vezes ao dia a equipe de arte me liga pedindo fotos e vídeos e as medidas de móveis e batentes.

24 DE OUTUBRO

Hoje eu, Luiz, Charly, Glauco, o fotógrafo e seus respectivos assistentes ensaiamos e decupamos as cenas do episódio numa reunião feita pelo Zoom. Não sei como foi possível, mas foi. A filmagem será remota e, a julgar pela pré-produção, já deu para entender que eu e o Luiz acumularemos todas as funções de um set de filmagem. Para ilustrar o tamanho do trabalho, é como se eu e ele fizéssemos uma grande festa de casamento e, além de sermos o noivo e a noiva, também limpássemos e decorássemos o lugar, fôssemos o padre, os cozinheiros, os garçons, os seguranças, os convidados, o DJ e os manobristas. E, de longe, todos esses profissionais ficassem nos dando ordens: põe mais sal no arroz, arrasta o sofá, põe a luz na tomada, vai se maquiar, arruma a câmera, passa o terno, aumenta a música, abaixa, agora canta e sapateia, não, primeiro prega um quadro ali atrás daquela planta... É desesperador só de pensar, ainda mais grávida. Antes do fim do ensaio, de tanto abrir e fechar a velha persiana de PVC da sala, ela despenca no chão. Dei graças a Deus por não ter ninguém perto da janela, senão certamente seria uma tragédia.

30 DE OUTUBRO

Trinta de outubro é meu dia predileto do calendário. Hoje faço quarenta anos e, se pudesse, teria dado a maior de todas as festas da minha vida. Acordei com o Luiz me mostrando um vídeo que ele produziu com a Ana Luize, que é uma menina que fez uma página em minha homenagem no Instagram e de quem acabei me aproximando. O vídeo é daqueles bem cafonas, com depoimentos longos de amigos e família, e eu amei assistir cada segundo. Foi um gesto tão carinhoso, eu deitada na cama assistindo, com meus dois bebês na barriga — um desses momentos perfeitos da vida. Depois, ele me deu uma caixinha com um pingente lindo (eu vinha há tempos dando indiretas). Mas o mais bonito foi o cartão: "Feliz aniversário! Nós te amamos. Luiz, Benjamin e Maximilian". Meus olhos encheram de lágrimas e eu gritei:

"São esses os nomes, então? Você topa?"

Luiz sorriu, confirmando. Amigos me enviaram flores, café da manhã, brigadeiro, bolo, a campainha não parava de tocar.

Passei a manhã numa interminável prova de figurino e de tarde saí com Maria, que veio do Rio de Janeiro passar meus quarenta anos comigo.

1º DE NOVEMBRO

Compramos um desses pacotes de "fim de semana romântico com uma massagem de cinquenta minutos incluída" num hotel para comemorar meu aniversário e descansar antes das filmagens. Na cama do hotel, olho para o Luiz, que está há uma hora jogando um treco besta no celular. Não entendo qual o barato desses joguinhos. Respiro fundo e digo com toda calma que (não) é possível no momento que ele vai protagonizar uma série comigo e que é um despautério ele não estar estudando. Trabalho com isso há vinte anos e estudo todos os dias o meu roteiro, que no caso eu nem precisaria estudar, já que fui eu mesma que escrevi. Ele não pode fazer feio, senão vai queimar meu filme no mercado e com todo mundo para quem eu garanti que ele daria conta do recado.

"Não tem mágica, você tem que ensaiar."

Pegamos os roteiros e ensaiamos algumas vezes. Tento fazer ele perceber os vícios de fala e ensino a anotar as observações de um ensaio para o outro.

Quando voltamos para casa no fim do dia, chegam junto conosco os equipamentos de fotografia, som, maquinaria e todos os objetos e móveis da equipe de arte. Mais de trinta malas com equipamentos, cinquenta metros de cabos e uma infinidade de caixas de papelão. Ando pela casa meio perdida, assisto aos tutoriais de câmera e, antes de dormir, tenho certeza de que vai dar tudo errado.

3 DE NOVEMBRO

Hoje é o primeiro dia de filmagem. Montamos o camarim no futuro quarto dos meninos. A casa está tomada por equipamentos, cabos e móveis da direção de arte. É como se não fosse mais nossa casa.

7 DE NOVEMBRO

Passamos a semana trabalhando catorze horas por dia, já que acordamos antes de todos para arrumar o set e, depois, ainda temos que colocar a casa no lugar quando tudo termina. A cada manhã tomamos nosso café, Luiz desenrola os cabos e carrega os *cases* de câmera. Eu separo os figurinos, ponho as baterias nos transmissores de som, me maquio, maquio o Luiz e nos vestimos. Faço os ajustes na direção de arte, enquanto Luiz encaixa a lente e a bateria na câmera e organiza as luzes. Fazemos juntos o enquadramento e ensaiamos. Às vezes usamos um manequim desses de loja de roupas para ficar no lugar de um de nós, enquanto encontramos o melhor ângulo. Todo esse processo é feito com um iPad a tiracolo, ao qual mais de vinte pessoas da equipe estão conectadas, falando entre si e conosco. Uma cacofonia insuportável, resultado do tráfego intenso de microfones e dispositivos, ocupa o espaço aéreo da casa. Tudo o que conversamos chega e sai com um interminável *delay* de trinta segundos. Ou seja, quando o Charly pede que a gente refaça o fim de uma cena ou a assistente pede que a gente retome do início, quando enfim a mensagem chega já não faz mais sentido nenhum. Para driblar a situação, eu e Charly decidimos nos comunicar por telefone. A produção manda nosso almoço e, depois de comer, me deito no sofá de barriga para cima enquanto estudo as próximas cenas. Várias vezes ao dia a conexão cai e demora mais de vinte minutos para voltar. Com o tempo, decidimos continuar rodando as cenas mesmo sem conexão, para não perder o take. Quando acaba a memória do cartão, um assistente mascarado, estacionado numa van lá embaixo, em frente ao meu prédio (é uma coisa meio filme de ação), sobe, pega o cartão usado e nos entrega um novo.

No começo, tive que ensinar ao Luiz alguns protocolos de etiqueta cênica que ele desconhecia. Coisas básicas, como olhar na cara do colega enquanto ele atua ou não ficar fazendo piada enquanto bate a claquete um segundo antes de rodar uma cena mais difícil. Fazer uma filmagem remota em plena pandemia, grávida de gêmeos, usando figurinos sexies e contracenando com meu marido não ator foi uma das coisas mais surreais e divertidas que já fiz na vida. No penúltimo dia de filmagem, implodimos. Estávamos com mais de duas horas de atraso no plano, tentando rodar uma das cenas mais complicadas do dia, na qual minha personagem briga com a do Luiz. Ele, exausto e numa posição pouco anatômica, passou a cena toda bocejando e olhando para baixo. Tentei fazer dois takes, mas era difícil executar todo o meu furioso monólogo com o Luiz me ignorando. Meu sangue subiu à cabeça. Embora ainda faltassem três cenas para rodar e tivéssemos apenas uma hora de set, pedi licença para a equipe, desligamos o iPad e brigamos por cinco minutos. Fizemos as pazes, ligamos o iPad e rodamos o take de primeira. No fim da última diária, deitamos no tapete e permanecemos assim por uma hora enquanto esperávamos nossos hambúrgueres. Mudos.

As filmagens funcionam como uma espécie de teste da nossa vida futura. Criar filhos gêmeos deve ser uma tarefa árdua, mas se formos capazes de tocar um set remoto juntos e ainda rir disso, seremos capazes de qualquer coisa.

9 DE NOVEMBRO

Preciso montar o quarto dos bebês. Até agora não pude mexer na casa por conta das filmagens, mas tudo o que quero é pôr as coisas no lugar e visualizar um pouco da minha vida futura. Ainda estou cansada das filmagens e com vários exames da gravidez acumulados para fazer.

10 DE NOVEMBRO

Cada vez que vou à minha avó tenho que contar, de novo, que estou grávida de gêmeos. As primeiras reações foram horríveis, "Meus pêsames", "Sinto muito", "Dois, Deus me livre!", mas aos poucos foram melhorando e até cheguei a ouvir um tímido "Parabéns". Mesmo assim, ela sempre se assusta com a ideia de dois bebês.

14 DE NOVEMBRO

Começamos a montar o quarto dos meninos e fico feliz de ver as coisas de forma mais concreta. Sinto os bebês no espaço, e de alguma forma eles já estão ali. Sento na cadeira de amamentação em que minha irmã deu de mamar para a minha sobrinha Micaella e na qual meu avô João se sentou nos seus dez últimos anos de vida e decido fazer uma capa cinza para ela. Depois tenho a ideia de usar a toalha cinza-claro, que foi da minha avó Dorina, para fazer a cortina. Gosto de ter por perto alguma coisa dos que já partiram. Ainda precisamos do outro berço, de um carrinho para gêmeos, da banheira, das cadeirinhas de balanço, das roupinhas. A lista é enorme.

15 DE NOVEMBRO

O exame de ultrassom com a dra. F. é pura alegria. Ela lambuza minha barriga com litros de gel. Ela adora gel, sempre repete que é exagerada no gel, e vai passeando pela barriga e comemorando. Tudo está lindo, maravilhoso, não poderia estar melhor. Pede que voltemos em um mês. Pergunto quando ela acha que os meninos vão nascer e ela diz que não consegue precisar, mas que provavelmente será na segunda quinzena de janeiro.

"Desde que engravidei, tenho a sensação de que eles serão bebês do mês de fevereiro", digo para ela.

16 DE NOVEMBRO

Entre tantas coisas, uma em particular tem me atormentado mais do que outras nos últimos meses: o número de fraldas que iremos consumir nos próximos dois anos. Apesar da pandemia, decido que de alguma forma preciso fazer um chá de bebê para amenizar o impacto financeiro que a necessidade de fraldas em dobro terá em nossa vida. Tenho uma ideia, que a princípio me parece genial, de fazer um drive-thru de fraldas. Eu marcaria o evento na garagem da casa de uma amiga, que fica numa rua sem saída, e as pessoas passariam lá de carro para me ver e levar as fraldas. Elas ficariam de máscara e não precisariam sair do carro. Eu ofereceria uma lembrancinha e exibiria a barrigona para os amigos que não vi o ano todo. Crio um grupo de WhatsApp com algumas amigas próximas, conto a ideia, pergunto se elas podem tocar o barco e saio do grupo. Acontece que em poucos dias o número de mortes da pandemia começa a subir de novo, e as opiniões das amigas — algumas nem tão amigas entre si —

passam a divergir. Umas acham ótima a ideia do drive-thru; outras acham que seria um risco eu me encontrar com várias pessoas, elas não querem ser responsáveis por isso e preferem que eu faça algo on-line. Mas só de pensar em estar numa reunião on-line com um monte de gente falando ao mesmo tempo fico nauseada. Peço a opinião da obstetra, e ela não acha a ideia arriscada. Insisto com as amigas sobre o drive-thru, mas ao falar com cada uma separadamente percebo que elas estão brigando entre si e que o grupo sofreu uma espécie de cisão. Algumas amigas saíram do grupo e resolveram montar um chá de bebê alternativo. As que ficaram insistem na versão on-line. Os dias passam, minha barriga cresce e o chá de bebê não se define. Um dia, sentados à mesa de almoço da casa da minha avó, eu, meus hormônios e os bebês entramos em desespero. Enquanto como uma fatia de pudim, navego num site que calcula quantas fraldas se gasta em cada mês do recém-nascido. Multiplico por dois e começo a chorar.

17 DE NOVEMBRO

Venho dando indiretas ao Luiz de que gostaria de me casar com ele quando a pandemia passar. Fico pedindo para ele me pedir em casamento, mas ele escapa, dizendo: "Juntado com fé, casado é".

Se a gente considerar que morar junto é casamento, eu estou no meu terceiro. Acho um número alto para meu tempo de vida, mas isso é só mais uma prova de que eu sou muito dura comigo mesma. No meu segundo casamento, fiz uma festa de arromba no topo do finado Maksoud Plaza, o hotel que desde criança eu sonhava em me hospedar. Aquele hall enorme com o elevador panorâmico era o ápice do luxo na minha cabeça. Os sites de casamento diziam para eu calcular de três a quatro pessoas por garrafa de espumante, mas calculei uma garrafa para cada duas pessoas, de uma marca que descobri numa vinícola no Sul do país quando fui filmar *O filme da minha vida*, do Selton Mello. Fora o uísque e a cerveja. As pessoas beberam como se não houvesse amanhã e até hoje escuto as histórias das ressacas morais dos amigos. Lembro que, em certo momento, uma amiga me pediu em casamento e tive que lembrá-la que eu já estava me casando naquela noite. Tudo o que a festa teve de alegria e sucesso, a relação teve de fracasso e frustração. Não consegui me entender de verdade com meus enteados e ignorei alguns sinais que a vida me mandou. O principal deles foi o fato de que, quando meu ex-marido me pediu em casamento, tinha acabado de fazer uma vasectomia. Eu disse que aceitava o pedido desde que tivéssemos um filho, e ele, no calor da emoção e com um anel na mão, disse que não seria um problema. Mas a reversão da vasectomia não veio, nem antes nem depois do casamento. Hoje é claro para mim que um homem que faz uma vasectomia não quer ter filhos, mas na época não enxerguei o óbvio. Depois da festa, a relação foi ladeira abaixo, num ângulo bem íngreme, eu diria quase em queda livre. No dia em que saí de casa, senti uma humilhação imensa por ter feito aquela festa com foto no jornal e estar me separando menos de dois anos depois. Num primeiro impulso, eu teria devolvido os presentes que ganhamos, se metade deles não tivesse sido dado em dinheiro para a lua de mel. Depois estabeleci para mim mesma que aquela festa tinha sido uma linda celebração de um amor, embora ele não tenha durado muito. No final das contas, de onde eu vim, caminhar em direção ao altar, vestida de branco e de braço dado com meu pai (mesmo que não tenha sido numa igreja, e sim numa boate), era simbolicamente importante para mim. Terminamos nossa história num cartório da alameda Santos, ouvindo uma escrivã que cheirava a pastilhas Valda ler em voz alta os detalhes técnicos do nosso fracasso conjugal. Chorei muito atrás dos óculos escuros que eu havia comprado duas horas antes. Eu tinha 37 anos e me sentia uma mercadoria velha no enorme e cruel mercado de peixe que é a busca pelo grande amor. Como encontrar alguém de quem eu gostasse e que gostasse de mim e quisesse ter filhos, tudo isso antes dos quarenta?

Em fevereiro de 2018, uma semana depois de assinar o divórcio, me joguei no Carnaval carioca, a fim de aplacar a dor. Tudo o que consegui foi repetir a trágica narrativa da minha separação para cada homem que tentou me beijar nos duzentos bloquinhos de rua onde estive. Mas essa ida ao Rio me rendeu um encontro importante. Minha amiga Mari me levou à casa de um amigo dela e lá conheci um padeiro português chamado Nuno. Nada poderia ser mais atraente: um homem do além-mar que, na minha fantasia, acordava com a barba cheia de farinha e ia dormir depois de ter assado mais de duzentos pastéis de Santa Clara. A farsa durou menos de meia hora, quando descobri que Nuno não era um padeiro de verdade, e sim dono de uma rede de padarias. Passamos meses nos comunicando, nos tornamos muito próximos e desenvolvi uma imensa afeição por ele.

Hoje Nuno me ligou de Portugal, contando que vem passar o réveillon em Paraty. Imediatamente respondi que iria encontrá-lo, e ele riu da minha ingenuidade, me lembrando que eu preciso passar o réveillon quieta em casa. Nuno teve uma filha de barriga de aluguel no ano passado e deu a ela o nome de Marta, em homenagem à sua avó e a mim. Martinha nasceu com problemas respiratórios em julho de 2019. Eu e Luiz planejávamos visitá-la no começo de 2020, mas ela não resistiu.

18 DE NOVEMBRO

É preciso estar em jejum e beber uma garrafa enorme com um líquido espesso e açucarado de sabor artificial para fazer o exame de curva glicêmica. E depois de suportar, por mais de uma hora, o enjoo do estômago vazio causado pelo líquido nojento, é preciso beber mais uma garrafa e, depois de mais uma hora, beber outra. Fico pensando em quantas coisas maravilhosas eu poderia comer somando todo aquele açúcar. Cinco pães de chocolate, um pote de quinhentos gramas de sorvete de chocolate com calda de caramelo, três rabanadas gigantes, dez brigadeiros. Mas não: foram três garrafas de um líquido nojento sabor abacaxi.

19 DE NOVEMBRO

Hoje recebi um balde de água fria na minha consulta de rotina. Estava certa de que iria passar o Ano-Novo ou com a Maria em Búzios, ou com o Nuno em Paraty, ou em uma casa alugada em São Francisco Xavier, mas minha médica me proibiu de ir a qualquer lugar que fique a mais de uma hora de São Paulo. Também me prescreveu reposição de ferro endovenosa, pois meu exame de sangue acusa falta de ferro e de vitamina B12. De tarde, Aroldo, pai do Luiz, me ligou dizendo que depositou um dinheiro para ajudar no enxoval. Começo a chorar e ele fica um pouco sem graça. Sinceramente, não aguento mais chorar com a frequência que venho chorando.

20 DE NOVEMBRO

Olho para as roupinhas de bebês e não sei como organizá-las na gaveta. Comprei colmeias para acomodá-las melhor, mas elas parecem pequenas demais. Todos dizem que bebês gêmeos nascem prematuros e algumas pessoas me aconselharam a comprar roupas menores. Consulto listas de enxoval na internet e me sinto perdida. Não sei a diferença entre cueiro, pano de boca e um mijão. Para mim são só panos. Outro dia fui com minha mãe e a Ines fazer uma lista de presentes numa loja. Fiquei ali olhando para tudo e tentando decifrar o que de fato vou precisar e o que será desperdício de dinheiro. A vendedora tentou me oferecer roupas de cores específicas para os três primeiros dias de vida dos meninos. Amarelo no primeiro, vermelho para a saída da maternidade, outra cor que esqueci para o segundo dia. Me irritei com a moça porque sei que a informação se enfurnou nos neurônios supersticiosos do meu cérebro e isso me fará, mesmo a contragosto, seguir a lista de cores sugerida.

23 DE NOVEMBRO

Tenho dores na virilha, no ânus, na lombar. Sinto muita falta de ar.

30 DE NOVEMBRO

Chega um pacote de Portugal todo amassado pelo correio. São pequenas fraldas e roupas de um algodão canelado em tons de verde, marrom-claro e mostarda. São as roupas de bebê mais lindas que já vi. Foram de Martinha e vêm acompanhadas de uma carta do Nuno que me deixa emocionada. Lembro que fiquei de escrever uma carta para Ben e Max.

Uma das dissidências do grupo do chá de bebê vai fazer um luau dos bebês. O luau é uma espécie de chá de bebê, mas acontece à noite e é mais ritualístico que festivo. Será para poucas pessoas, que estarão devidamente testadas. Me pediram para escrever uma carta para os meninos lerem quando forem maiores. Tento escrever a quatro mãos, mas Luiz adota um tom pessimista na carta, dizendo que a vida não será fácil e que o Brasil não ajuda. Eu sinceramente não tenho a menor intenção de preocupar meus filhos antes de eles nascerem, então peço para reescrever algumas coisas do meu jeito, e Luiz não se incomoda. No fim da carta, digo que eles têm um irmão mais velho, o Vitinho, corintiano, que vai querer que os dois sejam corintianos. Mando um rascunho da carta para o Luiz e ele me responde num tom formal, por e-mail, com uma única observação: que eu coloque que eles não terão escolha, vão ter que ser corintianos. Respondo o e-mail dizendo que não posso obrigá-los a nada, que só quero que eles mamem, durmam e cresçam. Luiz me responde e insiste que eu escreva o que ele pediu. Ligo para ele meio chocada.

"É sério ou você tá zoando?"

"É sério", ele diz.

"Você vai obrigar seus filhos a ser corintianos?"

"Sim, não existe outra opção", ele responde.

Contrariada, reescrevo a carta dizendo que eles vão ter que ser corintianos. De noite vamos para o luau na casa da Suzana, que está cheia de flores e presentes para os meninos. Fazemos um ritual de boas-vindas, lemos a carta e Luiz fica radiante ao ver os dois conjuntos com o uniforme do Corinthians que ganhamos da sua amiga Chica.

1º DE DEZEMBRO

O grupo de grávidas, que inicialmente era cheio de mulheres enérgicas em frente ao computador, hoje é um grupo de mulheres exaustas, deitadas à meia-luz com o computadores em cima de suas barrigas. Toda semana perguntamos as mesmas coisas e esquecemos das respostas. Dulce, com toda paciência, nos responde novamente e aos poucos assimilamos as informações.

Hoje é o primeiro dia que meu pai vem dormir em casa. Convidei-o para morar conosco até os meninos nascerem. Ele chega no meio da reunião do grupo das grávidas, justo quando falávamos do parto. Fico tímida. De tarde ele havia dito que não jantaria, mas, quando o grupo acaba e desligo o computador, descubro que ele acabou com as três bandejas de queijo e presunto que estavam cuidadosamente guardadas na geladeira para o lanche da noite. Além de tudo, ele conseguiu quebrar dois copos. Fico feliz que ele esteja na minha casa depois de vinte anos implorando por migalhas da sua presença. Eu com dois meninos na barriga e meu pai comigo: é como se tudo se encaixasse. Temos ao mesmo tempo uma falta de intimidade e um excesso de intimidade. Ele é um homem sozinho de setenta anos que não sabe lavar um prato. É também o médico que realiza diagnósticos impossíveis e cura pessoas desenganadas. Mas não consegue desligar a torradeira ou tomar um banho sem inundar o banheiro. Algumas horas ele me dá tanto trabalho que parece que já tenho um filho em casa. Em outras, é meu pai e o médico que acalma completamente meu coração.

2 DE DEZEMBRO

Saio de uma sessão de terapia on-line com Luiz e encontro meu pai na cozinha, olhando para a minha xícara predileta quebrada no chão. Ele explica que só quebrou a xícara porque se assustou com os berros que demos durante a sessão. Luiz me chamou de tirana e fiquei profundamente magoada. É fácil me acusar de tirana quando sou eu quem organiza tudo em casa. É bem mais fácil fazer o personagem legal quando você tem menos obrigações. Não vou mais fazer compras, cozinhar e servir todo mundo. Não vou servir mais ninguém, estou de saco cheio de pensar em tudo e ainda ser chamada de tirana. Tenho vontade de mandar todos os homens do mundo tomarem no cu, bando de machistas. De que adianta todo mundo ler o *El País*, ser politizado, ativista e criar filhos mimados? Fui mimada também e, no dia que parei de ser, foi um choque. Mas, mesmo tendo sido mimada, sempre tive uma relação respeitosa com meus pais e, principalmente, com minha madrasta. Nunca fui servida por eles, pelo contrário. E cá estou eu fazendo compras, pensando em receitas, cozinhando e sendo chamada de tirana só porque quero que meus enteados lavem a louça depois das refeições. Sim, eu sou um pouco tirana, faz parte do pacote da pessoa que realiza muitas coisas um pouco de controle e tirania. Eu tenho que melhorar, eu quero melhorar, mas fico possessa quando Luiz joga isso na minha cara. Ingrato.

Fim de tarde, no sacolão, pego um pacote de cerejas vermelho-escuras suculentas. Tudo o que mais quero neste momento é tomar um banho e comer um balde de cerejas geladas em frente à televisão. Luiz vai para o caixa antes de mim e começa a passar as compras. De repente, grita:

"Amor, noventa e seis reais para duzentos e cinquenta gramas de cereja! É isso mesmo?"

Corro para o caixa, tinha entendido que 96 era o preço do quilo. Pego apenas uma dúzia de cerejas e coloco num novo saquinho. Ainda assim, saio por 31 reais. Chego em casa e descubro que algumas estão podres.

3 DE DEZEMBRO

No café da manhã, coloco uma xícara de plástico no lugar onde meu pai senta à mesa e ele fica meio ofendido. Digo que não posso arriscar que ele quebre todo meu jogo de louça, mas ele fica feliz quando espremo algumas laranjas geladas para fazer um suco para ele. Ele sai para trabalhar e Luiz e eu nos sentamos para conversar. Enumero para ele a quantidade de coisas que estou fazendo pela gravidez, pela casa, pelos filhos dele. É uma lista gigante, na qual sua participação é pequena. Aviso que no próximo fim de semana com as crianças, ao contrário do habitual, não vou pensar no menu nem no que comprar nem na roupa de cama que precisa trocar, nem vou cozinhar — ele que faça tudo sozinho para ver o tirano em que ele vai se transformar.

4 DE DEZEMBRO

Maximilian e Benjamin devem adorar ouvir "Something Stupid", cantada por Frank e Nancy Sinatra, porque sempre que toca eles dançam na minha barriga. Estou completamente apaixonada pelos dois. É como se eu tivesse marcado um encontro às cegas e já gostasse dos meus pretendentes antes de conhecê-los. Penso neles e choro de alegria.

5 DE DEZEMBRO

Uma das recomendações que a Dulce me faz é que eu não fique sozinha com dois bebês durante o puerpério. Ela me diz que estarei muito sensível, cansada, e que com dois eu certamente precisarei de ajuda.

Converso com algumas babás, todas têm excelente currículo, são cheias de cursos, mas uma das moças, Thais, me chama a atenção. Tem 23 anos, nenhuma experiência como babá e fala pouco. No fim da conversa, ela pergunta carinhosamente:

"Como tá a sua gravidez?"

Tenho a intuição de que talvez ela seja a pessoa certa.

6 DE DEZEMBRO

Maximilian e Benjamin estão com 6% de diferença de peso, e isso é muito bom. Ninguém está roubando comida de ninguém.

7 DE DEZEMBRO

Fazemos mais uma sessão de terapia de casal e fico com a impressão de que a terapeuta está sempre defendendo o Luiz. Eu sei, só o fato de eu pensar dessa forma indica que estou olhando o processo de maneira errada, como se estivéssemos numa competição. Mas não consigo evitar. Tenho a sensação de que ela me ouve e finge estar do meu lado e tal, mas no fim da sessão sou sempre eu quem fica com uma lição de casa para fazer. No final do dia, ela escreve para o Luiz, dizendo que o processo não está funcionando, que o fato de ela já ser terapeuta dele não está me deixando confortável. Sei lá, acho que, com o nível de hormônio que circula no meu corpo, eu deveria só falar e todos deveriam escutar e concordar comigo. Tirana?

8 DE DEZEMBRO

Charly me manda o primeiro corte do episódio da série e rio do começo ao fim. Faço anotações e ligo para ele. Ele diz que estou maravilhosa, e Luiz, estupendo. Pergunto a diferença entre maravilhoso e estupendo e ele ri, diz que está me provocando. Me sinto orgulhosa do trabalho que fizemos.

9 DE DEZEMBRO

Minha tia Ciça me liga para dizer que Benjamin significa "filho caçula" em hebraico, e essa informação muda nossos planos. Havíamos decidido que o primeiro bebê que saísse se chamaria Benjamin, porque foi o primeiro nome escolhido. Mas se Benjamin significa o filho mais novo, o primeiro bebê que sair tem que ser Maximilian. Luiz reclama um pouco da mudança de planos, mas depois concorda que seria estranho o filho mais velho ter um nome que significa filho caçula.

10 DE DEZEMBRO

Uma das poucas coisas que Luiz tinha para resolver da lista de afazeres era marcar uma visita nossa à Pro Matre. Depois de um mês o relembrando disso e chegando à conclusão de que teria sido mais fácil se eu mesma tivesse marcado, ele finalmente agendou um horário. Saímos atrasados de casa e descobrimos que as visitas são em outro prédio, longe do estacionamento. Paramos o carro, e Luiz fala para eu ir andando enquanto pega o tíquete para não atrasarmos mais. Estou longe da faixa de pedestres e não tenho energia para ir até lá. Atravesso a rua no meio de carros apressados e me sinto desprotegida. A gravidez tem essa maluquice: por um lado, a gente se sente muito poderosa por estar gerando uma vida; por outro, muito frágil num corpo invadido, estranho e exausto. Somos barrados na porta da maternidade: estamos quinze minutos atrasados, e a visita guiada, feita com outros casais, não pode esperar. Olho para os dois guardas que parecem duas estátuas e peço encarecidamente, tentando sorrir e mostrar desespero ao mesmo tempo, para entrarmos no meio da visita, mas eles não se abalam com meu número. Luiz começa a dar um piti, faz ameaças dizendo que, se é para ser barrado na porta da maternidade, é melhor escolher outro lugar para eu parir, que ele não quer que seus filhos venham ao mundo numa maternidade com pessoas tão antipáticas. Eu, que costumo ser a pessoa dos pitis, não sei onde me enfiar de tanta vergonha. Gentilmente, eles oferecem um encaixe no próximo horário. Tenho uma reunião marcada em seguida e Luiz não quer esperar. Faço uma rápida análise mental, pesando os prós e os contras de desmarcar a reunião, mas antes que eu tome uma decisão, Luiz decide que devemos ir embora. Atravesso a rua em direção ao estacionamento e sou flechada pela ira. Fico puta com o Luiz pelo atraso, por ele não me ajudar com os preparativos, pelo piti que acabou de dar. Preciso conhecer alguma maternidade, não posso entrar em trabalho de parto sem antes escolher onde vou parir. Ele diz para eu confiar nele, que todas as maternidades são iguais.

"Mas eu não conheço e preciso visualizar o lugar."

Ele fica puto de eu não "confiar" nele e eu fico puta de ele não me enxergar. Ele pergunta se quero voltar e entrar no próximo horário, mas estou morta de vergonha dos seguranças. Começo a andar na rua, desolada, e ele pede que eu o espere pegar o carro. Continuo caminhando sem olhar para ele. Um guarda se aproxima perguntando se está tudo bem e Luiz diz que estou fazendo escândalo, que vão pensar que ele está me maltratando.

Sinto ódio dele. Ele sai pra buscar o carro, me sento na calçada, exausta, e choro. Não existe contenção de choro com trinta semanas de gravidez. Dois seguranças aparecem e me chamam para sentar na recepção. Eles me oferecem água e eu choro mais diante da delicadeza.

"Estou brava com o meu marido", digo, "estou exausta."

Penso rapidamente em Blanche DuBois, que sempre dependeu da bondade de estranhos. Não é o meu caso, mas me sinto meio como a personagem, um tanto ridícula, sentada na calçada, incapaz de interromper a cena que iniciei. Luiz chega com o carro, me vê caída no chão e pensa que algo pior aconteceu. Ele sai do carro desesperado. Tudo é profundamente ridículo. Entro no carro e agradeço aos seguranças acenando pela janela, como se fossem amigos antigos.

"Eu só queria ver a sala de parto humanizado", digo, "mesmo que eu não consiga usá-la."

11 DE DEZEMBRO

Não sou mais a mesma. A vida inteira fui obcecada por comida. Tomava café pensando no almoço e almoçava pensando no jantar. Sou o tipo de pessoa que geme de prazer quando gosta de uma comida. Tive um namorado que se irritava com isso. Algumas vezes me interesso mais em saber o que a pessoa comeu do que o que ela está sentindo. Talvez, depois do meu pai, eu seja a pessoa mais gulosa que conheço, e sempre tive que travar guerras internas para equilibrar os ponteiros da balança. Gosto de comprar revistas de dieta e devorá-las junto com um tablete de chocolate, jurando que no dia seguinte farei pudim de chia com morangos. Toda vez que entro em cena, penso em encolher a barriga e me posicionar num ângulo que meu braço pareça menor diante da câmera. No meio do caminho, me envolvo com a personagem e, felizmente, e também infelizmente, esqueço de tudo isso. Aprendi, ao longo dos anos, a me assistir e suportar o desconforto de nunca estar de acordo com o padrão estético requerido. Por muitos anos tive a sensação de estar sempre a dez quilos de distância de uma protagonista. Vi papéis para os quais eu seria perfeita ser entregues a atrizes mais magras e, algumas vezes, menos talentosas. Ouvia dos produtores de elenco que "seria ótimo se eu emagrecesse", que meu teste tinha sido incrível, mas precisavam de uma atriz mais magra para o papel. Eu pensava: não pode ser difícil, é só não comer, emagrecer dez quilos e entrar em manequins 38. Mas nunca consegui abrir mão da comida por muito tempo. As provas de figurino sempre foram momentos de terror, com roupas apertadas, gorduras saltando da calça, zíperes emperrados e figurinistas olhando feio por meu corpo dar mais trabalho que os outros. Hoje o mercado está um pouquinho mais gentil com o corpo feminino, mas nem tanto.

Na gravidez, tudo mudou. Perdi o interesse pela comida, mesmo passados os enjoos iniciais. Às vezes preciso me esforçar para comer. Penso nisso e tenho vontade de rir: eu me esforçando para comer... Claro que de vez em quando ainda desejo uma fatia de rabanada ou um prato de batatas fritas bem salgadas. Mas a gula virou uma nota de rodapé. Aquela pessoa que eu sempre fui, movida pela boca, pela vontade de devorar coisas, se apaziguou. Me alimento com calma, quase com desdém pelo prato. Quanto tempo será que isso vai durar?

13 DE DEZEMBRO

Por alguns minutos, esqueci que estava grávida, e foi a coisa mais estranha do mundo quando lembrei.

14 DE DEZEMBRO

A caminhada diária que faço na praça Buenos Aires está ficando cada vez mais difícil com o peso da barriga e a máscara que sufoca.

Enquanto Bolsonaro insiste em promover a falácia do tratamento precoce com cloroquina, em promover a ideia da imunidade de rebanho no Brasil e em ignorar possíveis contratos para a compra de imunizantes, alguns países já começam a vacinar sua população.

15 DE DEZEMBRO

Hoje, na caminhada, havia um sujeito corpulento de cabelo desgrenhado correndo em volta da praça sem máscara. Ele suava e espalhava fluidos corporais sem pudor. Toda vez que nos cruzávamos, sentia ele perto demais. Comecei a me irritar: eu carregava uma barriga gigante, me esforçando para não tirar a máscara, e aquele ser espaçoso emitia grunhidos e perdigotos, como se estivesse acima da lei. Na quinta vez que nos cruzamos, apontei para o queixo e disse de forma amigável: "A máscara". Sua fisionomia mudou, ele continuou correndo, mas agora olhando para trás, e de repente começou a me xingar. Tive medo. Então ele parou de correr e ficou me olhando como se estivesse decidindo se vinha ou não atrás de mim. Acelerei o passo e senti que a barriga me impedia de ir mais rápido. Calculei que, se ele me desse um empurrão, eu cairia sem chance de defesa. Um sentimento de vulnerabilidade tomou conta de mim. Entrei na praça, fui até o guarda de plantão e contei o ocorrido. Ele disse que cuidaria da situação. Minutos depois voltou dizendo que o sujeito era muito agressivo, mas que tinha ido embora. Caminhei até em casa com as pernas bambas, triste. Pessoas loucas, más e perigosamente arrogantes circulam por aí.

16 DE DEZEMBRO

Hoje é aniversário de casamento dos meus bisavós. Durante anos, mesmo com eles já mortos, comemoramos esta data com uma grande festa. Quando criança, demorei para entender que não era normal comemorar o aniversário de pessoas mortas. Tenho dificuldade para lembrar do aniversário dos meus melhores amigos e de parentes mais próximos, mas jamais esqueço que no dia 16 de dezembro meu bisavô Fifico e minha bisavó Dindinha se casaram. De noite falo com uma amiga com quem não falava fazia anos e que teve gêmeas. Com 33 semanas, a bolsa estourou e ela teve parto normal. Entro em pânico; 33 semanas é daqui a pouco, não tenho nada pronto ainda. Ela me oferece seu carrinho de gêmeos e fico aliviada por tirar mais um item da minha lista.

17 DE DEZEMBRO

No meio do exame de ultrassom, a dra. F. faz uma cara estranha e fica algum tempo com o cenho franzido, examinando o mesmo pedaço da barriga. Tento não ser tomada pelo desespero.

"O que foi? Tá tudo bem?"

A dra. F. explica que o feto um, que está embaixo, está 19% menor que o feto dois, e que seu percentil está em seis.

"Percentil? O que é percentil?"

De repente essa palavra até então desconhecida vira o centro da minha vida. O percentil fetal é uma medida que analisa a curva de crescimento-padrão dos bebês com base em informações de diversos bebês de diferentes populações para saber se o feto está crescendo dentro da média. A dra. F. descarta o pior, a síndrome de transfusão fetal, na qual um bebê rouba comida do outro. Mas ainda assim ela sinaliza a possibilidade de uma cesárea com 32 semanas, caso o percentil do feto um não melhore. Já sabemos que o feto um é o Maximilian — de acordo com a dra. F., a forma como estão encaixados indica que eles não trocarão mais de lugar.

Por alguns instantes, lembro da história do nascimento da minha mãe. Junto com ela, teriam saído restos de outro bebê. Um dia, minha mãe me confidenciou que desde criança carregava uma culpa enorme, porque alguém teria lhe dito que ela tinha comido sua irmã. Embora a história seja meio tabu na família, me dou conta de que a gemelaridade já estava no meu sangue. Como não pensei nisso antes?

A dra. F. liga para a minha obstetra, e vamos imediatamente ao consultório dela. A dra. I. diz que está tudo bem, mas pede que eu não trabalhe mais, porque acha que agora preciso focar completamente nos bebês. Me sinto culpada por ter trabalhado até então. Teremos que fazer ultrassons semanais, inclusive no Natal e no réveillon, e devemos nos preparar para a possibilidade de um parto precoce. Tudo começa a rodar. Preciso contratar uma babá, fazer a mala da maternidade, preciso estar pronta. Não quero que meus bebês saiam antes da hora. Ligo para o meu pai e ele me receita um remédio horrível, que tem gosto de cimento com água sanitária, e uma série de dezesseis sais minerais chamados sais de Schussler, que, segundo ele, vão ajudar a placenta a absorver melhor os nutrientes.

18 DE DEZEMBRO

Converso com Maximilian, explico que ele tem que comer mais para ficar forte. Converso com Benjamin também, para evitar uma crise de ciúmes pré-natal. De tarde saio para comprar o presente da minha mãe, que faz aniversário amanhã, e mais algumas lembrancinhas de Natal. Caminho lentamente pelo shopping com uma cinta ortopédica na barriga e, em cada loja que entro, peço uma cadeira e um copo d'água. Ligo para a minha mãe e pergunto como ela quer comemorar o aniversário. Ela chora, diz que está com saudades do pai.

19 DE DEZEMBRO

"Vou fazer o retorno pela Rebouças."

"Amor, o retorno pela Rebouças não existe mais."

"Existe, sim."

"Lembra que na última vez que fomos para a Paulista a gente brigou porque você queria fazer o retorno pela Rebouças e eu disse que era proibido, e você insistiu e depois viu que era proibido mesmo?"

"Imagina, sempre faço esse retorno."

"Tá bom, Luiz, faz o retorno pela Rebouças, então."

Chegamos ao retorno da Rebouças, e não só era proibido como era perigoso. Somos obrigados a ir até Pinheiros, entrar no bairro e voltar para a Paulista, o que nos atrasa dolorosos 25 minutos para o aniversário da minha mãe.

Tenho a sensação de que vou entrar em trabalho de parto de tanta raiva que sinto. Ódio, na verdade. Como duas pessoas podem ter a capacidade de, numa deitada, fabricar dois seres humanos e não conseguirem se entender sobre qual caminho pegar?

20 DE DEZEMBRO

Manu me liga dizendo que tem uma invasão de morcegos no sítio onde ela está morando desde o início da pandemia. À tarde, eu e Helô escrevemos e carimbamos mais de cem cartões para mandar como lembrancinha do chá de bebê virtual. Estou aliviada, ganhamos muitos presentes e muitas fraldas.

Hoje a barriga está especialmente pesada. Luiz foi cortar o cabelo e voltou com os cachos alisados. Pergunto o que aconteceu e ele diz que o cabeleireiro passou um produto que deixou o cabelo mais liso.

"Ah, então quando lavar volta ao normal", concluo, aliviada.

Pedimos uma feijoada para o almoço e lembro da Ines, que sempre diz que a Micaella nasceu antes da hora por causa de uma feijoada que ela comeu. Torço para que Max goste de feijoada. Luiz vai à missa das seis da tarde e eu fico sozinha em casa. Apesar de eu ter nascido e ter sido criada numa família católica, nunca imaginei me casar com alguém que frequenta missa. O fato de Luiz pertencer e entender o meu mundo profissional e o meio artístico e, ao mesmo tempo, ser um moço que vai à igreja (embora ele não siga os preceitos de uma vida católica), gera em mim uma sensação estranhamente confortável. Imagino que no futuro não vamos ter tempo de comer feijoada, de ir à missa, e que nos próximos três anos nosso cabelo crescerá até a cintura, porque não teremos tempo de cortá-lo.

Tenho passado tempo demais fantasiando coisas que nunca mais poderei fazer — é uma espécie de tortura à qual me submeto diariamente. Quando Luiz volta da missa, ele solta sem querer a seguinte frase:

"Foi estranho… quando eu estava com a cabeça no lavatório do cabeleireiro, meu couro cabeludo esquentou."

Paro um instante.

"Se a sua cabeça esquentou é porque colocaram formol nela, não só um leave-in, como você disse."

Luiz enrubesce, tenho um ataque de riso e mais uma vez acho que vou entrar em trabalho de parto — dessa vez de tanto rir, não de raiva.

"Você alisou o cabelo escondido, amor?", pergunto. Ele titubeia, dizendo que era um formol levinho.

21 DE DEZEMBRO

Tento não pensar, mas tenho medo de perder os bebês. Tomo religiosamente os remédios que meu pai receitou, imagino a posição da cabeça do Maximilian dentro de mim e faço carinho nela por cima da barriga. Depois faço o mesmo em Benjamin.

De noite, minha mãe vem com Micaella ensaiar a coreografia do nosso auto natalino. No fim do ensaio, ela me conta que ela e os irmãos abriram a gaveta da mesa de cabeceira do meu avô João. Meu avô era um homem de poucas coisas — lembro dele usando o mesmo sapato por mais de vinte anos e a mesma gravata em casamentos a vida toda. Por isso cada coisa que ele guardava tinha significado, e, para minha surpresa, em sua gaveta havia várias coisas minhas. Um exemplar do meu livro de poemas (dedicado a ele), cartões-postais de viagem e o programa de *O doente imaginário*, a primeira peça de teatro que encenei na escola profissional. Em 1997, quando meu avô me assistiu interpretando Argan, o protagonista da comédia de Molière, ele comparou meu trabalho ao de Procópio Ferreira, que ele havia assistido cinquenta anos antes. (Eu não estava genial na peça. Ele queria apenas me incentivar, como fez a vida toda.) Por fim, havia uma cartinha que escrevi para o Papai Noel há mais de trinta anos, na qual eu pedia dinheiro. Não sabia que ele tinha guardado tudo isso e, quando me deparei com esse pequeno acervo da nossa história, fui atingida por um raio de amor fulminante.

Antes de dormir, ouço o relato do parto do primeiro bebê que nasceu no nosso grupo de grávidas. Marina, a primeira mãe a parir, teve um parto normal e nos manda seu relato, ainda sob efeito dos hormônios e do cansaço. Um áudio enorme descreve minuciosamente cada minuto da sua Partolândia, e, apesar de lindo e corajoso, eu o ouço escondida, como se estivesse assistindo a um filme de terror.

22 DE DEZEMBRO

Minha médica pede que eu faça um novo ultrassom antes do Natal. Passo o dia sem fôlego, resolvendo coisas, presentes, enxoval.

23 DE DEZEMBRO

Saímos aliviados do ultrassom. Os bebês estão bem e cresceram na última semana. O percentil do Max melhorou, mas ainda precisamos ficar atentos, e uma cesárea precoce não está descartada. Saímos para almoçar, eu e Luiz. Demoro horas para terminar meu prato. Queria, na verdade, que esse almoço durasse anos. Só eu e ele, dois bebês quentinhos e tranquilos dentro de mim e o mundo começando a se aquietar às vésperas do Natal.

24 DE DEZEMBRO

Fico triste em ir para o Natal na casa da minha avó e deixar meu pai sozinho em casa. Antes de sair, abrimos um vinho e ele esbarra na taça. Uma mancha enorme toma conta da toalha branca. Ponho músicas temáticas na televisão e brindamos. O Natal na casa da minha avó é, desde criança, um dos meus dias prediletos do ano. Todo ano descemos o menino Jesus de porcelana pela escada, ao som de "Noite feliz", e o colocamos na manjedoura em cima do piano. Fazer isso grávida ganhou um novo sentido para mim.

25 DE DEZEMBRO

Eu e minhas irmãs organizamos um almoço de Natal na minha casa, com uma mesa farta, cheia de possibilidades. Meu pai ficou feliz e disse que mesa cheia lembra os Natais na antiga casa da minha avó Dorina. Minha avó costumava fazer o prato predileto de cada pessoa da família, e a gente se sentia especial por isso. Para mim, sempre fez rabanada.

26 DE DEZEMBRO

Cada vez que me viro de lado durante a madrugada, somos três virando. É a coisa mais estranha do mundo ser três pessoas ao mesmo tempo.

27 DE DEZEMBRO

Parece simples arrumar uma gaveta com roupas de bebê. Mas olho para as pilhas de roupas que herdamos dos filhos dos amigos e não consigo encontrar a melhor disposição delas na cômoda. Chamo Luiz no quarto.

"Não sei como fazer, você sabe?"

Ele olha para as roupas e diz, confiante:

"Vamos separar por tamanho e depois fazemos uma subcategoria por tipos."

Passamos a tarde juntos no quarto dos meninos e faço a seguinte nota mental:

Não esquecer que um dia, perto do Ano-Novo pandêmico, enquanto a maior parte das pessoas no país se arriscava em praias lotadas, eu e Luiz passamos a tarde no quarto dos nossos filhos tentando entender a lógica dos tamanhos de roupas de recém-nascidos e organizando tudo em pequenas colmeias onde eu normalmente guardaria as minhas calcinhas.

Em algum momento ponho na mão a menor peça de roupa que encontro e, aflita, pergunto ao Luiz:

"Você acha que eles serão menores do que esta roupa? Será que a gente tem que comprar roupas específicas para bebês prematuros?"

28 DE DEZEMBRO

Peço ao Luiz que marque uma nova visita na maternidade. Tenho medo dos seguranças do dia da briga estarem lá, mas preciso ver de perto uma sala de parto. Quando chegamos, encontramos os mesmos homens daquele dia e vejo que eles nos reconhecem. Ruborizo. Eles nos recebem educadamente e fazemos o tour explicativo com outros casais grávidos. Puxo papo com um casal que não me dá bola. Me acalma caminhar pela maternidade e fazer perguntas estúpidas como "Se eu precisar de mais condicionador para o cabelo, vocês dão?". No fim do passeio, a guia nos entrega um folheto com fotos de quartos maiores, caso a gente queira fazer um upgrade em nossa estadia. Acho graça.

30 DE DEZEMBRO

Fazemos mais um ultrassom no hospital, já que a clínica da dra. F. está fechada para as festas de fim de ano. Os bebês estão estáveis, mas Maximilian continua bem menor que Benjamin. Tenho pena dele por ser pequeno, quero ajudá-lo de alguma forma. Penso em Benjamin como um bebê mais espaçoso, que não para de crescer. Depois penso que meu julgamento está errado, que ele está fazendo apenas o que a natureza manda, ocupando o espaço que lhe cabe, crescendo o máximo que consegue, ainda bem. E aí me sinto culpada por estar prestando mais atenção no bebê menor, e um sentimento confuso toma conta de mim, como se de alguma maneira eles estivessem competindo pelo meu amor. Me sinto mal e comento com o Luiz. Ele me conta, com tintas trágicas, de uma tia gêmea que foi para o túmulo carregando essa mágoa, pois desde o útero ela sempre fora a maior, e todas as atenções se voltaram para a irmã mais fraca. Tia Belinha, supostamente, teria morrido ressentida. Olhei apavorada para ele enquanto dávamos a volta na praça.

"Eu não sabia que você tinha gêmeas na família. Coitada da tia Belinha."

31 DE DEZEMBRO

Acordo com a notícia de que o aborto foi legalizado na Argentina. Os gritos das mulheres nas manifestações arrepiam os pelos do meu corpo. Sempre fui a favor da descriminalização do aborto, mas uma parte de mim já teve dúvidas sobre o assunto. Isso porque dentro de mim existe uma personagem bem carola e careta, que o Luiz carinhosamente apelidou de Nena. Nena existe à minha revelia, é consequência de uma educação profundamente católica. Sempre me perguntei o que eu faria caso engravidasse e não quisesse ter o filho. Porque apesar de defender a liberdade total do corpo da mulher, a voz fininha da Nena ficaria me sussurrando no ouvido: "Você vai interromper uma vida? Uma vida que Deus criou? Isso é pecado, hein…". Assistimos juntas às notícias da legalização do aborto na Argentina, eu e Nena, que não ousa abrir a boca. Hoje, com dois filhos na barriga e a dimensão real e física da responsabilidade que é ser mãe, tenho certeza absoluta de que uma mulher só pode gerar uma vida se for de sua total vontade e consentimento.

De noite, quando acendo as velas para a ceia de Ano-Novo, sou tomada por um choro inesperado. Fico triste pelo meu pai: será que ele está feliz de passar o Ano-Novo conosco? Ele gostaria de ter outras opções? Será que sente falta da ex-mulher, dos enteados? E se eu não estivesse grávida e estivesse viajando com amigos, com quem ele estaria? Meu pai sempre foi um lugar para onde eu podia correr caso tudo desse errado. E agora os papéis de pai e filha ficam tentando se inverter dentro de mim. Me sinto responsável, desde que ele se separou, pelo seu bem-estar. É estranho ver um homem de 69 anos recomeçando, mas sinto orgulho dele.

1º DE JANEIRO DE 2021

Quando acordei de um sono profundo e pesado, fui assaltada pelo terror com meu próprio corpo. Um pânico de ter dois seres boiando dentro de mim, de parir nos próximos cinco minutos, de ter um revertério. O que é um revertério?

2 DE JANEIRO

Passei a gravidez toda querendo tomar banho de mar ou de cachoeira, e hoje finalmente fomos a um sítio perto de São Paulo. Fico alguns minutos sentada numa pedra, embaixo da água gelada. Luiz, aflito com a altura da queda, me segura o tempo todo.

Depois brigamos por causa do cigarro. Tenho ódio de cada cigarro que ele fuma. Nunca tive ódio do cigarro dele, eu mesma gosto de fumar de vez em quando. Mas agora, toda vez que ele vai até a janela fumar, eu estranho. O protagonismo do cigarro na vida dele me incomoda. O cigarro vem na frente de muitas coisas; tudo o que ele vai fazer está associado a um cigarro que ele ou já fumou ou ainda vai fumar: quando ele sai, quando ele chega, quando ele come, quando ele vê um filme, quando ele faz uma reunião... Como se o cigarro fosse seu metrônomo, seu relógio biológico. O mundo acabando, as trombetas do apocalipse tocando, e o Luiz olha para um dos anjos atarefados e pede cinco minutos para "queimar o último".

3 DE JANEIRO

Acordei com um tersol no olho direito; estou exausta e minha imunidade despencou. Tenho a sensação de carregar pedras na barriga e tenho medo de que as pedras deslizem para fora do meu corpo, arrebentando o que encontrarem pelo caminho.

Tudo dói. Aos poucos me despeço desta antiga vida, em que ainda posso acordar de ressaca num domingo chuvoso e assistir a seis episódios seguidos de *Grey's Anatomy* sem ser incomodada. Me despeço da relação com o Luiz, que nunca mais será a mesma. Me despeço de mim mesma e de alguns sonhos antigos que agora me parecem impossíveis de ser realizados. Ao mesmo tempo, estou louca para conhecer os bebês; sinto um amor descontrolado por essas criaturas.

4 DE JANEIRO

Ontem consegui conversar por mais de quarenta minutos com meu pai sobre política pela primeira vez em anos. Discordamos em quase todos os pontos, mas pela primeira vez consegui terminar as frases sem ser interrompida.

5 DE JANEIRO

Tenho medo de transar e favorecer um parto prematuro. Tenho fugido de sexo, ao mesmo tempo que penso que eu deveria transar enquanto posso. Acordei às sete da manhã e mandei um WhatsApp para a dra. I. perguntando se sexo ou orgasmo podem induzir um parto prematuro. Ela diz que ainda não, mas que em breve, sim.

"Oba", respondo, mas na verdade não tenho a intenção de arriscar.

Maria veio do Rio e saímos para passear. Quase bato o carro no cruzamento da Paulista com a Consolação. Me desconectei do volante; a impressão foi de ter entrado num estado de pré-sono. Fico assustada com a lentidão do meu raciocínio. Sempre fiz duzentas coisas ao mesmo tempo e agora tenho que me esforçar para fazer apenas uma.

6 DE JANEIRO

Fomos — eu, Luiz e Maria — ao exame de ultrassom. Maria pergunta à dra. F. se ela pode gravar a cena e a médica diz rispidamente NÃO. O bebê maior agora também virou de cabeça para baixo e está em cima do outro, formando um trenzinho da alegria. Fico louca, feliz que ele tenha virado, e uma chance de parto normal dá sinais como uma bandeirinha acenando ao longe, na linha de chegada. A cada ultra, o espaço de visibilidade é menor, principalmente com gêmeos. Nas primeiras semanas, víamos imagens abstratas, depois mais realistas, com nariz, boca. Depois elas evoluíram para o hiper-realismo e, no sétimo mês, atingiram a fase pré-cubista da gestação. Agora, na reta final, as imagens parecem pedaços da *Guernica*: ora vemos imagens do corpo dos bebês, ora vemos imagens que parecem ser a cara de um cavalo ou de uma estrela. Por alguns segundos, vemos as dobras da barriga do bebê maior, Benjamin. O bebê menor continua menor, mas sua curva de crescimento melhorou. Comemoro com a dra. F., que diz que ainda não vai recomendar a injeção de cortisona (aquela que amadurece os pulmões). Ela explica que o peso que carrego dos bebês, somado ao peso da placenta, é igual ao de uma mulher com quarenta semanas de gestação. Estou com 32 semanas. Ela acha que conseguimos segurar pelo menos até a 35ª semana, mas diz que posso entrar em trabalho de parto a qualquer momento. Lembro das coisas que não estão prontas.

Saindo de lá, descobrimos que o Capitólio foi invadido por manifestantes pró-Trump. Vejo algumas fotos e acho tudo surreal. Desde que engravidei, passei a me relacionar com um distanciamento brechtiano de tudo o que diz respeito à política. Não consigo fabricar órgãos vitais e assimilar as notícias diárias de desgoverno e retrocesso.

De madrugada, meu sono fica picotado. Meu pai disse que

dormiria em casa, mas só chega às três da manhã, com uma cara estranha. Brigo com ele, dizendo que ele tem que avisar quando for dormir fora ou chegar tarde. Ele ri de mim, Luiz também. Não acho graça. Quanto mais a gravidez avança, menos senso de humor eu tenho.

7 DE JANEIRO

Almoço na casa da minha avó e, depois de comer, ela ouve música italiana. Sento junto dela e explico para Benjamin e Maximilian que eles estão ao lado da bisavó. Ela começa a cantar. O Parkinson deixou seu maxilar rígido nos últimos anos, mas ela canta mesmo assim. Quando me levanto, ela se interessa pela primeira vez em meses em pôr a mão na minha barriga. Os bebês se mexem e os olhos dela se enchem de lágrimas. Quando me despeço, ela diz que tem medo de que eu nunca mais volte, e eu prometo que voltarei.

8 DE JANEIRO

Toda madrugada acordo com a nuca e as costas ensopadas, não importa se está fazendo dezoito ou 27 graus no quarto. A barriga desperta contraída e sempre coloco a mão no lençol para ver se por acaso a bolsa estourou. Quando viro para me levantar, sinto uma dor que me faz gemer alto. Luiz geralmente acorda assustado, perguntando:

"Que foi?"

"Tá doendo", eu respondo, e vou até o banheiro.

Minha barriga esbarra em diferentes lugares até eu conseguir me ajeitar de volta na cama.

Minha mala da maternidade e a dos bebês ainda estão pela metade.

13 DE JANEIRO

Saio para almoçar com a minha mãe. Comemos bolinho de bacalhau, arroz de pato e um pastel morno de nata, que é das coisas mais deliciosas que já comi na vida. Depois vamos fazer um novo ultrassom, e ele está praticamente igual ao do dia 6. Saímos de lá e nos encontramos com Luiz para irmos ao consultório da dra. I. Vai ser uma consulta importante, pois falaremos do parto.

Minha médica conta que há dias está se preparando para falar comigo; ela respira fundo e diz que não tem confiança em fazer um parto normal. Ficamos todos em silêncio no consultório, eu, minha mãe, Luiz e ela. Sinto uma decepção fulminante no peito. Minha relação com ela tornou-se mais íntima nos últimos meses e acho a decisão radical.

"Nem se estiver tudo bem? Tudo perfeito para um parto normal?", pergunto, incomodada.

Sua voz muda e a respiração fica em suspenso por trás da máscara. Ela acha tudo arriscado, usa a palavra "risco" algumas vezes, e isso me assusta. Do jeito que fala, parece ter tido alguma experiência ruim com parto de gêmeos. Luiz pergunta sobre isso e ela confirma.

Li muito sobre parto normal de gêmeos e sei que, se o primeiro bebê estiver encaixado, o outro provavelmente se encaixará em seguida. Mas a dra. I. diz que podem acontecer algumas complicações, e eu começo a sentir medo quando ela fala sobre isso. Ao mesmo tempo, sinto que é honesto da parte dela compartilhar esse receio comigo.

Na verdade, sei de tudo. É um superpoder que adquiri na gravidez, saber de tudo. Tenho quarenta anos, são dois bebês, uma placenta só, um bebê menor que o outro; sim, sei que é improvável um parto normal, tenho que baixar minhas expectativas. Sei de tudo isso, mas ouvir a médica dizer que, se eu quiser tentar normal, preciso chamar outra pessoa é muito, muito frustrante para mim. Sinto que mesmo que eu chegasse na maternidade em trabalho de parto avançado, com dilatação, saudável, nem assim ela faria o parto. Olho para ela: ela tem alma de cirurgiã, de quem gosta de ter controle sobre a situação.

Talvez eu devesse aceitar e acatar o que a médica propõe. Afinal, esse é o trabalho dela. Mas é estranho que alguém de fora, que não sou eu nem é um dos dois bebês, decrete como as coisas vão ser, independentemente das circunstâncias. E se eles decidirem vir ao mundo de forma natural? Vou cortar minha barriga e tirar eles por outro caminho por conta do receio da médica? O quanto essa decisão é minha? O quanto devo entregar a ela? E se eu for atrás de outro médico? Sinto o peso e a culpa de uma traição que ainda não cometi. Lembro de Rimbaud, *"Par délicatesse j'ai perdu ma vie"*. Por delicadeza, perdi minha vida. Não, não posso entregar meu parto por educação, por medo de ferir a médica.

Por volta das onze e meia da noite, escrevo para um médico que sigo no Instagram, especialista em parto gemelar. Explico minha situação, com a certeza de que ele nunca verá a mensagem. Ele responde em menos de cinco minutos, me passa o telefone do consultório e em seguida tecla: "Só para adiantar, me diz o peso dos bebês e se tem algum cefálico".

16 DE JANEIRO

Estou exausta, há meses ticando listas e cobrando do Luiz a parte dele. Ficou claro para mim que, no que diz respeito à gestação e ao preparo para receber os meninos, eu sou o motor de tudo. Luiz faz as coisas, só não quer ser cobrado, quer fazer no seu tempo. Mas a vida urge. Passei a ele alguns itens da lista semanas atrás, e todos os dias tenho que cobrá-lo pelo que ele ainda não fez. Enquanto isso, avanço como um trator, exausta, resolvendo tudo. Minha cabeça não para um minuto. Achei que no dia 15 de dezembro eu já estaria com os pés para cima, entrando em férias. Mas não: as malas da maternidade, contratar uma babá, o enxoval, o reembolso do plano, a planilha, o voucher da loja de fraldas, a almofada de amamentação, a massagem no períneo, os remédios manipulados, a bomba de leite, a capa da poltrona de amamentação, o berço que não chegou, o móbile para pendurar acima do berço... a lista é gigante.

Chamo o Luiz e digo que estou cansada de fazer tudo. Ele parece meu assistente, e não meu marido. Eu mando e ele executa, mas até mandar está me cansando. Não entendo como ele pode ser tão proativo no trabalho e tão alheio às decisões da nossa vida. Vislumbro um futuro de cuidados, vacinas, escolas, e não quero a dinâmica que temos agora. Explico que a forma como estamos operando é machista e que, além de eu fazer tudo, trabalhar, rachar as contas, gestar dois bebês, ainda sou acusada de ser controladora e chata. Ele diz que não faz as coisas porque eu quero que ele faça do meu jeito. Não, não é assim, só quero que ele faça, replico.

"Pode ser do seu jeito", digo, "mas tem que ser dentro do tempo necessário."

Ele fica ofendido e dormimos estremecidos. Acordo às seis da manhã e escrevo para Vera, minha amiga e mãe de gêmeos, sobre o que estou sentindo. "Isso se chama carga mental", ela responde, "e, sim, é um modelo machista de divisão de funções." Ela me manda um artigo bem didático. O fato de a mulher fazer a maior parte das coisas e ter que pedir e explicar ao seu companheiro o que ele tem que fazer, e depois gerenciar o que foi feito e o que falta fazer, é uma carga mental gigantesca que ocupa tempo, energia e HD. Tempo, energia e HD que poderiam estar sendo usados em outro lugar, como na carreira da mulher, por exemplo. A cabeça dela não desocupa nunca.

Luiz acorda e peço para ele ler o artigo. Ele me olha com uma cara de desespero, do tipo "mais essa agora?". Tenho vontade de rir, embora esteja puta. Ele fica irritado, diz que preciso olhar para as qualidades dele e não para os defeitos. Então passo os cinco minutos seguintes listando as qualidades dele e dizendo o quanto o amo, e isso também me parece ser uma espécie de carga mental, mas por fim o exercício me ajuda a ver as coisas de outra perspectiva. Ele promete que vai ler o artigo.

18 DE JANEIRO

Vou com minha mãe à consulta com o dr. W., o médico com quem conversei no Instagram, especialista em partos de risco. Estamos as duas nervosas. Ela me diz que vai me dar a consulta de presente, pois acha que preciso de uma segunda opinião sobre o parto. Luiz prefere não ir, está tenso com as coisas que a médica falou.

Sento na frente do médico e conto resumidamente, mas com alguma emoção, toda a história. Como engravidei, o pré-natal, a dificuldade de crescimento do Maximilian e a última consulta com a médica. Falo o quanto gosto dela e o quanto minha gestação foi boa graças a ela, que cuidou de mim física e emocionalmente (é visível: estou me sentindo culpada por estar lá, *par délicatesse j'ai perdu ma vie, par délicatesse j'ai perdu ma vie*) e elogio milhões de vezes a médica antes de falar da minha frustração com ela. Dr. W. é calmo. Basicamente, faz um parto de gêmeos dia sim, dia não. Me fala o que pensa, diz que eu sou uma candidata ao parto normal, que o importante é ter o primeiro bebê encaixado e que um possível impedimento seria uma diferença grande de peso entre os dois.

"Tem que ser de no máximo meio quilo", ele diz, "exatamente como você está."

Mas como a margem de erro dos ultrassons nas últimas semanas (principalmente com gêmeos) é grande, ele quer, antes de qualquer coisa, fazer um ultrassom com uma especialista em gêmeos para diminuir o risco. Minha conexão com ele é imediata. Penso: tomara que ele seja muito mais caro e eu não possa pagar, assim volto correndo para a minha médica e me conformo com a cesárea, que é o mais provável que aconteça, independentemente do médico. Mas não, a diferença de preço é pequena, e a minha dúvida só aumenta.

De noite, saímos para comemorar o aniversário do Vítor, meu enteado. Pela primeira vez ousamos na configuração: eu e Luiz, Juliana (sua ex-mulher) e Pelon (o namorado dela), Vítor e Letícia. Vítor escolhe ir ao McDonald's e, antes de me sentar, higienizo tudo duas vezes com guardanapos encharcados de álcool gel. Nos sentamos numa mesa apertada e peço um duplo cheddar, mas eles esquecem de colocar a segunda camada de queijo, que é o único motivo pelo qual o sanduíche tem "duplo" no nome. O ar-condicionado está no talo, esfria todas as comidas em quarenta segundos, o que torna o sabor delas ainda mais artificial. Vítor está eufórico de ver todo mundo reunido e fico feliz por ele. Luiz e a ex-mulher fazem umas piadas estranhas um com o outro, se alfinetam com a intimidade de quem já compartilhou um casamento de dezessete anos:

"Você continua igual, hein?"

"Imagina, você é que não muda."

Eu tento rir, mas não acho a menor graça de nada, estou

cansada demais para isso. Tento pedir para o Luiz ir reclamar do erro no meu pedido, mas ele não me ouve, está nervoso com a situação. Então desço eu as escadas para reclamar do meu sanduíche, e a moça do balcão fica indignada com o erro:

"Realmente, esqueceram da dupla camada de queijo!"

"O que no meu caso é um pecado, já que estou duplamente grávida", digo sorrindo.

Ela ri e volta com o sanduíche. Encomendo um parabéns com sorvete de casquinha para a gerente e volto para a mesa. Conversamos todos como se aquela situação fosse corriqueira. De repente tudo parece mesmo normal e certo, como deve ser.

20 DE JANEIRO

Hoje fizemos o ultrassom de rotina. Os bebês estavam incríveis e Benjamin havia girado, ficando com a cabeça para baixo. Aquilo me soou, mais uma vez, como um sinal do corpo optando pelo parto normal.

21 DE JANEIRO

Na consulta, dra. I. me recebeu com um sorriso.

"Já soube da novidade?"

Por um segundo penso que ela está falando do outro médico.

"Que novidade?"

"Seu outro bebê virou."

"Sim", respondo sorrindo.

Depois contei pra ela que na última consulta tinha saído de lá mal e que, apesar de sentir que estava cometendo um ato de traição, havia procurado outro médico.

"O dr. W.?"

"Sim." Como ela sabe?

"Quando fiquei sabendo que seu outro bebê tinha virado, pensei em sugerir que o consultássemos para fazermos um parto conjunto ou então apenas recomendar que você fosse lá. Você foi na pessoa certa."

Ela me pede para eu falar sobre a consulta com ele e eu conto tudo em detalhes. Falamos também sobre a nossa própria relação e ela me diz que gostaria de estar na minha sala de parto. Respondo dizendo que eu gostaria que ela estivesse também. Quero que ela continue sendo minha médica.

"Não tenha dúvida disso", ela diz.

"Fiquei pensando se você não poderia ter me contado antes que não faria um parto normal", faço a pergunta que há dias estava engasgada em mim.

"Não, eu não poderia", ela respondeu rápido.

De qualquer forma, se ela tivesse me dito antes que não faria um parto normal, eu teria mudado de médico e acho que não teria tido um pré-natal tão bom. Depois ela auscultou o coração dos bebês e conversou com eles. Mediu minha barriga e olhou para a fita métrica com os olhos arregalados.

"Tá enorme!"

No fim do dia, fomos ao dr. W. fazer o ultrassom com a dra. A., especialista em ultrassom de gêmeos. Ela faz um exame com mais precisão, para garantir que a margem de erro seja menor. Benjamin havia desvirado, e a diferença de peso entre os dois agora é de 22%. Fico agoniada, porque o dr. W. havia dito que o limite para o parto normal seria de 20%. Nos sentamos para conversar e pergunto se isso é um impeditivo para tentar o parto normal. Ele diz que não, está um pouquinho acima, mas que poderíamos tentar, pois ainda assim é um bebê pequeno.

"Você está na dúvida?", pergunto.

Ele diz que não, que temos chance de sucesso, mas que ele não pode querer "o parto normal mais do que eu". Fico nervosa, começo a gaguejar, eu tinha achado ele mais animado na outra consulta. Pergunto da posição do segundo bebê e ele diz que não era um problema que o segundo bebê não esteja cefálico.

"Existem dois minutos de ouro, de muito relaxamento do útero, quando nasce o primeiro bebê, e é nessa hora que puxamos o segundo bebê e fazemos o parto pélvico."

Essa fala me confunde um pouco, pois eu jurava que ter dois bebês de ponta-cabeça era o ideal. Combinamos de marcar uma indução para o sábado.

"O parto no sábado é bom para vocês?" Aquilo foi a coisa mais surreal que alguém já me perguntou.

"Não sei", respondi.

"Tem sempre um dia mais vazio nas maternidades. Na Pro Matre, sábado é o mais vazio, a segunda-feira é o dia mais cheio no Einstein, e a sexta é um dia muito cheio em todas as maternidades, porque os médicos gostam de fazer o parto na sexta-feira, para poderem passar em visitas às pacientes no fim de semana, quando o trânsito na cidade é menor. É meio estranho falar isso, mas é a verdade", ele constata. "Mas você escolhe, pra mim tanto faz o dia."

Penso na sexta-feira, e a ideia de uma maternidade lotada se mistura com imagens de um happy hour estudantil.

"Sábado. Acho que sábado é bom", digo com pouca convicção.

Marcar uma data para parir me dá pânico. Ele pede para eu tomar duas doses de corticoide no fim de semana, para amadurecer o pulmão dos bebês. Eu vinha tentando evitar o corticoide, porque tenho medo de inchar em um dia tudo o que consegui não inchar na gravidez toda. Mas o dr. W. insiste. Marcamos uma nova consulta para a próxima terça-feira, para ver o ultra e fazer exame de toque.

Saio de lá absolutamente em pânico. Pânico de entrar em trabalho de parto, de induzir e ter contrações e não suportar a dor, de não sentir as pernas numa possível anestesia de uma possível cesárea. Pânico de tudo. Nenhum cenário me acalma. Passo o dia perturbada, mandando áudios enormes para as pessoas, tensa, tentando decidir a cor da parede do quarto dos bebês, tentando comprar uma sapateira, tentando me concentrar em qualquer coisa que não seja na imagem de dois bebês saindo de dentro de mim.

22 DE JANEIRO

Por indicação do dr. W., fui na fisioterapia pélvica com o Luiz.

Karine ficou impressionada com a minha disposição e vitalidade.

"Você praticou exercícios durante a gravidez?", ela pergunta.

"Sem parar", respondo, orgulhosa.

Ela explica que foi isso que me fez chegar até aqui tão bem. Depois pega um esqueleto da região pélvica e nomeia algumas coisas, que eu esqueço meio minuto depois. Então ela veste uma luva e passeia pela minha vagina e pelo meu períneo como se andasse por um museu e fosse a guia. Por alguns segundos, é como se meu corpo não fosse mais meu. Ela ensina Luiz a fazer uma massagem que ajuda na elasticidade.

"Não pense que ela vai ficar com tesão só porque você está com a mão aí", ela diz.

Luiz me olha.

"De fato, é bem incômodo", digo.

A massagem tem que ser feita diariamente, exceto nos dias que fizermos sexo.

"Estou com medo de transar e ter um parto precoce", digo.

"A esta altura não existe mais a palavra 'precoce'. Se tiver vontade, transe."

23 DE JANEIRO

Os filhos do Luiz estão aqui. Ganhamos ingressos para a exposição d'Os Gêmeos na Pinacoteca, mas fico na dúvida se devo ir. Com o parto muito próximo, fico apreensiva de pegar covid e ser isolada dos bebês antes de conhecê-los. Minha mais nova tortura mental é ser separada dos meus filhos na hora que eles nascerem.

Por fim, decidimos ir à exposição; estava tudo controlado e me senti segura. Depois de meia hora tive que apelar para aqueles carrinhos elétricos, já que não me aguentava mais em pé. Me senti patética circulando de carrinho pela exposição com a minha barriga gigante. Depois visitamos o acervo e me faz um bem enorme olhar todos aqueles quadros juntos, como se eu tivesse entrado numa sala com ar mais puro. A certa altura, paro na frente de um pintor que sempre esqueço que existe, mas de quem eu gosto. Almeida Júnior. O quadro se chama *O importuno* e é de 1898. Nele, uma mulher posa para um pintor com roupas íntimas e botas pesadas. O pintor segura a paleta enquanto abre a porta para alguma visita (o importuno), e a mulher se esconde atrás da cortina. No fundo, vemos o quadro dentro do quadro. Fico alguns minutos sentada no meu carrinho elétrico, olhando para o importuno, que por algum motivo que não sei traduzir me parece tão oportuno neste exato momento da minha vida. Tiro uma foto do quadro antes de voltar para casa. No fim da tarde vou à farmácia e tomo a primeira dose de corticoide.

Meu pai diz para eu descansar, já que o corticoide pode baixar minha imunidade.

24 DE JANEIRO

Tomo a segunda dose de corticoide na mesma farmácia de ontem. De noite vamos na casa da Juliana para a segunda etapa da comemoração do aniversário do Vítor. Estou muito cansada e tudo o que eu quero é me jogar no sofá e assistir a qualquer série com tema apocalíptico, algo com zumbi, alguma coisa que me afaste da minha vida. Digo para o Luiz que estou sem condições de ir, e ele fica triste. Na verdade, não tenho condições nem de ir até o banheiro, mas entendo que, com a chegada próxima dos irmãos, Vítor esteja bastante inseguro e que seja importante para ele estarmos todos lá. Não sei de onde tiro forças para ir e demoro quase uma hora para trocar de roupa e escovar os dentes. O caminho para o Morumbi é esburacado e minha barriga dói cada vez que o carro passa em uma depressão. Vou gritando e gemendo o percurso todo. Chegando lá, todos me recebem bem e eu passo a maior parte do tempo sentada.

25 DE JANEIRO

Minha mãe vem almoçar em casa no feriado com o Felippo, seu namorado. Ele está fazendo um novo tipo de quimioterapia que é avassaladora. Muitas vezes questionamos se é o melhor tratamento para ele, já que ele trata desse câncer há muitos anos e nunca tinha ficado tão mal. Minhas amigas Helô e Berta aparecem para dar um último beijo na barriga antes do parto. Felippo passa o almoço todo enjoado, sentado na poltrona, cochilando, e toma o mesmo guaraná gelado que eu tomava no início da gravidez. No fim do almoço, quando Shirley, uma amiga recém-chegada do Rio, aparece, rindo e falando alto, ele se encanta por ela, levanta da poltrona animado e canta e dança por alguns minutos.

26 DE JANEIRO

Acordo e noto que estou com um pequeno herpes no lábio exterior da vagina. Meu pai havia dito que, com a segunda dose de corticoide e nesse estado avançado da gravidez, minha imunidade iria despencar. Tento não pensar no assunto e me arrumo para a fisioterapia pélvica. Durante a sessão, tenho dificuldade para executar o movimento do expulsivo. Faço o que a dra. K. manda, e ela diz que, em vez de expulsar, estou contraindo. Quando faço a força que me parece contrária, ela diz que é a força certa.

"É isso que eu terei que fazer no parto?", pergunto, e ela diz que sim.

Fico grilada, não tenho a menor ideia de como reproduzir o que acabei de fazer. Depois ela coloca um aparelho dentro de mim chamado epinô, que dilata minha vagina em sete centímetros.

À tarde, na consulta com o dr. W., digo que estou com herpes vaginal, mas que já estou tratando. O dr. W. fica lívido, sua cara desmonta sem ele perceber. Ele diz que herpes é a única coisa que eu não posso ter para tentar o parto vaginal. Fico arrasada, digo que vai sarar a tempo, peço que ele me dê todos os remédios e pomadas possíveis. Ele anota coisas numa receita, mas sua cara continua contraída numa expressão de dúvida. Fazemos um ultrassom, Maximilian e Benjamin estão ótimos. Quando ele faz o exame de toque, vejo estrelas de tanta dor. Dr. W. diz que teremos que esperar uns dias a mais para induzir, que não pode haver nenhum vestígio do herpes, para não ter perigo de contaminar os bebês. Sua recomendação, caso eu não queira entrar em trabalho de parto antes de me curar, é que eu pare a fisioterapia, pare de andar e fique quieta em casa. Quando ele diz isso, percebo que eu já devia ter ficado quieta há mais tempo. Não à toa o herpes veio. Estou exausta. Ele me conforta, diz que está animado com o meu parto.

"Quantas emoções nesta reta final, hein?", comenta, sorrindo. Tenho vontade de chorar. Passo na banca e compro várias revistas; minha ideia de descanso é uma poltrona com revistas. Começo a tomar o remédio do herpes e durmo com medo de acordar em trabalho de parto.

27 DE JANEIRO

Acordo furiosa. Depois de todo o esforço para mudar de médico e tudo, agora este herpes no meio do caminho. Passo o dia mal-humorada, suando com o calor do verão paulistano. Coloco a culpa do herpes no cansaço e a conta do cansaço no fim de semana e na lista de obrigações que eu não paro de resolver. Choro a cada dez minutos. Vou até o Luiz e cobro dele a lista de coisas que ele disse que assumiria. Ele finalmente começa a resolver algumas delas e eu fico puta de ter precisado cobrar. Mas não digo nada, me seguro. De tarde começo a falar sozinha pela casa: "Não estou mais aqui, me deixem em paz, não me peçam nada, não me peçam mais nada, preciso ficar quieta, estou há meses precisando ficar quieta".

Imploro para o Luiz não entrar no quarto de jeito nenhum, pois preciso meditar. Ele jura de pé junto que não vai entrar. Coloco uma música de meditação no YouTube, pego um tarô dos indígenas norte-americanos, uma garrafa de água gelada, ligo o ar-condicionado portátil, borrifo lavanda no sofá e me sento. Meu mau humor é do tamanho da cidade. Começo a respirar e a falar com os meninos. Falo alto, começo a rezar. Em algum momento percebo a porta se abrir, abro os olhos e vejo o Luiz parado com um martelo na mão, olhando para mim com uma cara de "eu sabia que não devia ter aberto a porta". Começo a chorar instantaneamente.

"Por que você entrou se eu pedi pra não entrar?"

"Achei que você ainda não tinha começado."

"Eu implorei pra você não entrar, eu tô muito puta, com dores horríveis na barriga, herpes na buceta, com raiva de tudo, e a única coisa que eu pedi foi pra você não entrar na porra deste quarto!"

Luiz continua me olhando com o martelo na mão.

"É que eu preciso das pecinhas que seguram o fio."

Me levanto chorando, tranco a porta e volto a meditar. Pecinhas que seguram o fio, pecinhas que seguram o fio, pecinhas que seguram o fio... é tudo o que eu consigo pensar. Me levanto, destranco a porta e vou atrás do Luiz.

"Que pecinhas são essas?"

"Já encontrei", ele responde.

Volto para o quarto, tranco a porta e tiro uma carta do tarô que tem um nome apropriado: "Bolsa de carga". Resumidamente a carta diz: não carregue peso que não é seu, não faça pelos outros o que eles têm que fazer e não culpe os outros pelos seus problemas. Sorrio. É uma carta justa. Não me agride nem passa a mão na minha cabeça.

No resto do dia fico mandando áudios para todos aqueles que estão acompanhando minha saga, e é constrangedor que a palavra "herpes" invariavelmente apareça no segundo 28. Vou até a clínica do meu pai e ele me dá uma série de injeções em volta da barriga para ativar o sistema imune e otimizar o efeito do remédio para herpes. As injeções doem mais do que o habitual. Tento abrir uma das revistas que comprei, mas meus olhos vagam aflitos pelos editoriais de moda. Preciso comprar um creme com vitamina C para o puerpério, minha pele está inteira manchada por melasma. Me sinto numa grande cruzada pelo parto normal, mas não sei se de fato queria percorrer esse caminho.

28 DE JANEIRO

Contra todas as expectativas, acordo bem-humorada e decido que o que tiver que ser terá a força necessária para ser. Meu primo Paulinho, que mora no convento onde minha tia-avó passou a vida enclausurada como freira carmelita, me escreve perguntando se já tomei as pílulas do bom parto do frei Galvão. "Estou tomando", respondo, mas, por precaução, falo para ele ir até as freiras pedir que elas rezem pelo meu parto.

Quando eu era menor, ia ao convento com minha avó Flora visitar tia Alba. Era uma festa. Ela recebia a gente com uma alegria enorme e até hoje consigo me lembrar do barulho de todas as freiras rindo e falando sem parar por trás das grades. No final da visita, a gente tomava um lanche caprichado, que era servido na salinha ao lado, e levava uma bandeja de queijadinha para casa. Eu não gostava de queijadinha, ficava chateada que as freiras não mandassem uma bandeja de doces com chocolate. A tia Alba era igual à minha avó, só que com roupa de freira. Foi difícil para mim o dia que descobri que por baixo do hábito ela era careca. Eu costumava lhe perguntar se ela era casada com Jesus, e ela respondia que sim.

"Eu nunca vou querer me casar com Jesus", eu retrucava, "mas quero ser muito amiga dele."

Tia Alba ria. Não sei se elas são felizes, mas as pessoas mais sorridentes e bem-humoradas que conheci e conheço até hoje são as freiras do Carmelo do Imaculado Coração. Durante a infância e a adolescência, eu ligava no Carmelo para pedir que a tia Alba e as freiras rezassem por mim: para eu ir bem na prova de matemática, para não chover no dia do meu aniversário, para eu não brigar com a minha irmã. Ao longo dos anos, os pedidos foram se complicando: eu pedia oração para ajudar a encontrar trabalho, a encontrar um apartamento bom, barato, bem localizado e bem iluminado, oração para encontrar um namorado, para me casar. As orações nunca falharam e eu nunca gastei ficha à toa. Sempre pedi em momentos de aperto e sempre acreditei piamente que com aquelas trinta mulheres sorridentes casadas com Jesus rezando por mim não tinha como dar errado. Depois que minha tia morreu, continuei indo lá, só que menos. Hoje sei que elas vão rezar pelo meu parto.

Recebo mais de trinta mensagens de pessoas me perguntando se a mala da maternidade está pronta, já que a lua vai virar, "lua cheia, você tá pronta?", "olha essa lua, hein!", "vixe, lua cheia é batata…". De repente eu, uma pessoa que leva a sério a Lua, o Sol, a carta do tarô, me irrito profundamente com todas essas pessoas que estão me escrevendo com as melhores intenções, mas que não têm ideia do tamanho do medo que eu estou dessa lua, desses bebês resolverem dar as caras antes que eu consiga me curar desse maldito herpes. E, antes que eu mande todos enfiarem a lua no cu, desligo o celular.

29 DE JANEIRO

Chego cedo ao consultório do dr. W., mas ele e sua equipe estão, desde ontem, cuidando de dois partos ao mesmo tempo. Faço o ultrassom com a dra. A. e rimos sem parar. Ela diz que Maximilian dorme apertado no beliche de baixo, mas que vai muito bem. Tenta tirar algumas fotos em 3-D, mas eu só enxergo rabiscos. De repente vejo um narizinho, uma coluna. Luiz vê tudo, sabe o que é o fêmur, a bexiga e os quatro ventrículos do coração. Os bebês estão bem, crescendo, encaixados. Ela tenta pegar as melhores medidas do Max para ele não ficar com tanta margem de erro no peso em relação ao Benjamin, que alugou o beliche de cima.

Mais tarde, quando o dr. W. já havia se liberado dos partos, ele me examina e diz que o herpes retrocedeu 80%. Decidimos esperar o fim de semana e marcamos de nos ver na segunda-feira às oito da manhã, com as malas da maternidade no carro. Se o herpes estiver zerado, internamos para induzir. Se não, decidimos na hora se marcamos a cesárea ou se esperamos mais dois dias.

30 DE JANEIRO

Passo o dia na piscina da casa da minha avó, com minha mãe e minhas irmãs. A água alivia momentaneamente o peso da barriga e desincha as pernas. Suo frio o dia todo e a cada segundo me sinto mais e mais cansada.

31 DE JANEIRO

De madrugada acordo ensopada de suor, com a barriga doendo de tão dura. Me sinto mal a noite toda. De manhã bem cedo, depois de horas achando que minha barriga estava mais dura que o normal, vou até o quarto do meu pai e digo que acho que tem algo errado. Ele fala para eu ligar imediatamente para o médico. Entro no grupo de grávidas e pergunto se elas já sentiram a mesma coisa. Algumas sim, outras não. Escrevo para o dr. W. e ele pergunta se os bebês estão mexendo. Meu coração congela.

"Não muito", respondo.

Ele diz para eu ir para a Pro Matre fazer o ultra e um exame chamado cardiotoco. Resolvo tomar um banho e arrumar as malas, porque tenho medo de ir e não voltar. Depois como alguma coisa e me sinto melhor. Demoro para sair de casa e quando o dr. W. me escreve, uma hora e meia depois, perguntando se já estou no hospital, meu coração congela de novo. Eu deveria ter ido antes? Correndo? Era caso de ter pânico? Por que ele está tão preocupado? Chego lá e todo o demorado processo de senha e triagem me angustia. A primeira médica pede que eu vá ao banheiro colocar o avental. Tiro a roupa na frente dela, ansiosa.

"Preciso mesmo ir até lá?"

Ela ri. "Por que você tá tão nervosa?"

Explico que os bebês não se mexem há horas.

"Você já vai escutar o coração", ela diz, tentando me acalmar.

"Corações", corrijo.

Ela me examina e não encontra o herpes. Volto para a recepção. Uma mulher passa urrando de dor pelo corredor e todas as grávidas se entreolham. Só sossego quando faço o cardiotoco e ouço os dois corações. Duas horas se passam até eu ser chamada para a ultrassonografia. Hoje, supostamente, é a véspera do parto, e eu e o Luiz tínhamos combinado de passar nosso último dia antes de tudo mudar largados no sofá. A última coisa que eu queria era passar o dia nas salas de espera da Pro Matre me alimentando de pão de queijo. Fui tomada pelo mau humor. Passamos pelo ultrassom, mas a médica não viu muita coisa. Depois de fazer esse exame com alguém especializado em gêmeos, todas as outras ultrassonografias parecem simples demais. No fim do dia, fomos finalmente liberados. Em algum momento uma enfermeira me diz que eu deveria ter comido um doce antes de ir para lá.

"Com açúcar eles sempre se mexem."

1º DE FEVEREIRO

Acordo arrependida de ter ficado vendo série até tarde. Uma série ruim, ainda por cima. Embora este talvez tenha sido o último dia da minha vida que fiquei vendo série até tarde, me arrependo por acordar tão cansada no dia do parto. Na verdade, ainda não tenho certeza se hoje é o dia. Chegamos ao consultório do dr. W. às 8h30, com as malas no carro e o coração, ou melhor, os corações, na mão. Ele me examina, o herpes sumiu mesmo e estou com um centímetro de dilatação.

"Muito bem, podem dar entrada na maternidade."

Em cinco minutos, chegamos na Pro Matre. Acho estranha e engraçada a burocracia da internação e o pedido de upgrade de quarto que conseguimos via dr. W. Como preencher fichas prestes a parir? Manoella, a fotógrafa que vai registrar meu parto, chega e me encontra em pânico na recepção.

"Você quer que eu te ache uma doula agora? Eu consigo uma agora pra você."

Penso na oferta, uma doula. Pode ser uma boa ter uma doula para me ajudar. Não, uma doula vai ser mais uma coisa para eu administrar.

"Não, tá tudo bem", eu digo.

Embora a Manoella tenha fotografado mais de cem partos, acho que ela também fica meio ansiosa.

"Olha", ela diz, atrapalhada, "vou te ensinar a manobra do desengasgo. Quando minha filha engasgou pela primeira vez, quase morri e nunca entendi por que nunca me ensinaram essa manobra antes. Por isso vou te ensinar agora." Então, enquanto o Luiz preenche os papéis, Manoella performa a manobra do desengasgo. Ela faz movimentos que me parecem em câmera lenta, sua boca se mexe, mas parece fora de *sync*. Não consigo assimilar nada, só penso que eu vou parir logo mais.

Depois passo por uma triagem com exame cardiotoco e por um questionário gigante com duas enfermeiras muito simpáticas. Elas colocam o acesso venoso no antebraço e eu aviso que está muito dolorido. Elas dizem que é assim mesmo. Mas eu, que sou filha de médico e já tomei muito soro na veia, sei que o acesso está estranho. Por conta da pandemia, as regras de acompanhamento e visita estão rígidas; mesmo assim, pergunto para as enfermeiras se minha mãe pode me acompanhar por alguns minutos; elas dizem que sim. Ligo para minha mãe, que a esta altura já está fora de casa, meio atordoada com o parto e sem saber o que fazer.

"Vem para cá", eu digo.

Pontualmente às 11h50, eu, minha mãe e o Luiz estamos no quarto de indução, acompanhados por um tripé com soro e ocitocina. Por sorte, ou falta de atenção, deixaram minha mãe ficar. Conosco está a dra. U., que ficará comigo até o dr. W. chegar. Digo que estou com fome e eles trazem uma fatia de bolo, mas minha fome é de comida. Eles trazem dois pratos com arroz à piemontese e dois bifes bem passados, estilo sola de sapato. Pergunto se eu posso comer bem, e a dra. U. fala para eu não exagerar. Como um pouquinho de arroz e paro. Luiz come tudo, deita na cama que seria minha e dorme como um padre. Angélica, uma enfermeira muito solícita, entra no quarto animada e se coloca à disposição.

"Vamos para a bola de pilates, mamãe? Ou vamos para a banheira? O que a mamãe vai querer?"

Angélica não sabe, mas detesto que me chamem de mamãe. Sorrio sem graça e sou salva pela dra. U., que diz que por enquanto não faremos nada, pois o parto será de gêmeos e temos dois corações para monitorar.

Angélica solta um muxoxo desanimada. "Ah... Se precisarem de mim é só chamar."

Meio-dia e vinte começo a receber ocitocina na veia. Não sei como é o processo, minha expectativa é que em dez minutos terei contrações fortíssimas e dores homéricas e que em meia hora estarei parindo. A médica ri, diz que vai levar horas. Então passamos as próximas horas ouvindo música, conversando e monitorando contrações e o coração dos bebês. As contrações cansam o corpo, e Luiz faz massagem nas minhas costas e nos meus pés.

"Aproveita a doçura desta mulher, porque em breve ela estará te xingando", a dra. U. diz para Luiz.

Minha mãe fica no celular atualizando a família, até que me irrito e peço que ela pare de transmitir meu parto como se estivesse transmitindo uma corrida de cavalos. A cada quinze minutos a dra. U. me pergunta em quanto está a dor das contrações, de zero a dez. Passo a primeira hora com um de dor, depois um e meio e dois. Até que num momento arrisco dizer que a dor está em quatro. Minha lombar dói, então ela checa o grau das contrações. Seus olhos apertados brilham e ela sorri triunfante.

"Era por esse desconforto que eu esperava."

Acho graça dela comemorar minha dor. Angélica volta perguntando se quero fazer alguma atividade e explico que preciso ficar com os dois corações monitorados, por isso não posso me mexer. Fico com um pouco de pena dela, que está bastante desconfortável com sua falta de serventia. A dra. U. sai e depois volta falando que conversou com o dr. W. e que eles decidiram estourar a bolsa do Max. Fico nervosa.

"Você vai estourar com o quê?"

Ela me mostra um negócio que parece uma agulha de tricô. Fico mais nervosa ainda. Assim que ela estoura a bolsa, sinto um líquido quente escorrer entre as coxas e dou um gritinho. Nessa hora, começa a tocar uma música clássica linda, de uma playlist de parto que peguei no grupo de grávidas. Olho para a minha mãe e ela está chorando. Dias depois ela me contou que essa música era a predileta do meu avô João e que quando tocou, bem na hora que a bolsa estourou, ela sentiu a presença dele no quarto. Assim que a bolsa estoura, a dra. U. diz que as contrações e a dor vão aumentar e que precisamos ir para a sala de parto humanizado, onde poderei tomar a analgesia.

"Tô com fome", eu falo.

Ela diz que agora não dá mais para comer, mas que posso beber alguma coisa lá na sala. Me arrependo de não ter comido meu bife sola de sapato. Por regras da maternidade, minha mãe não pode me acompanhar na próxima etapa, apenas o Luiz. Me despeço dela e ela diz que vai ficar na maternidade. Dou a chave do nosso quarto para ela. Luiz vai por um caminho e a enfermeira Angélica me acompanha por outro. Minha dor aumenta muito em poucos minutos e mal consigo ficar em pé. Me apoio em Angélica, que está muito feliz em ser útil e me acompanhar. Tenho a sensação de que vou desmaiar. Quando chegamos na porta do centro de parto, ela diz:

"Obaaaa! Vamos entrar com o pé direito, mamãe? Assim…" Ela levanta a perna direita para pisar no chão, mas eu só tenho força para levantar a perna que já estava querendo levantar, a esquerda. E é com ela que eu piso com força no centro de parto. Angélica olha sem graça para mim e bate palmas, nervosa.

"Muito bem, mamãe!"

Olho para o chão e penso se devo voltar e entrar com o pé direito. Me irrita a ideia de ser roubada do meu tempo presente por uma superstição estúpida e fico paralisada por dois segundos, até que sou invadida por uma contração gigante. Penso na praia de Nazaré, em ondas gigantes. Caminho em direção ao quarto. É pequeno, aconchegante, com uma luz vermelha e uma banheira com estrelas de luz no teto, que lembra a decoração de um motel. Sinto dor, fome e cansaço.

"Preciso entrar nessa banheira", digo para a dra. U., e ela fala que seria melhor eu já tomar a analgesia, porque minha dor vai aumentar. Insisto e ela diz que vai me deixar ficar sem monitoração por vinte minutos, para eu poder entrar na banheira. É uma operação grandiosa tirar os fios e levar minha barriga enorme até a água. Luiz vem comigo na beirada e alguém me dá um picolé de abacaxi. A dor aumenta, mas o calor da água ajuda. De repente vejo uma gosma cinza clara flutuando na água. É meu tampão. Começo a gritar como se tivesse descoberto um poço de petróleo no quintal de casa.

"Meu tampão, meu tampão!", e coloco a pequena gosma cinza no azulejo da banheira.

"Amor, guarda meu tampão." Luiz faz uma cara de nojo, mas eu não me abalo. A dor aumenta e o que era uma nota cinco e meio quando entrei na banheira já beira o sete. A dra. U. diz, enfática:

"Pelo amor de Deus, sai dessa banheira e toma a analgesia."

A dor está quase insuportável. O anestesista chega e começa a me explicar o processo. Aperto os olhos e balanço a cabeça.

"Ahã, ahã, pode dar, já entendi." Tudo que quero é que a dor cesse.

"Eu preciso que você realmente entenda o procedimento", ele insiste.

Ok. Respiro fundo. Ele fala por cinco intermináveis minutos, que levam minha dor de sete e meio para oito. Por fim, ele começa o processo de enfiar um cateter na minha coluna, e é muito aflitivo. Meu pai entra no quarto; como ele é médico, pode acompanhar o parto. Estou pelada e fico nervosa de ele me ver assim. Em poucos minutos ele se funde ao corpo médico e deixa de ser só meu pai. O dr. W. chega e fico feliz. Ele diz que a dilatação está indo muito bem. Sinto o barulho do cateter batendo no oco da coluna vertebral. O anestesista pede para eu não me mexer, mas como não me mexer com contrações vindo sem parar? De um segundo para o outro, a dor some. Se Deus fosse um DJ, ele teria colocado um Frank Sinatra para tocar nesse exato momento, uma versão lenta, psicodélica, de *"Heaven, I'm in heaven"*. Em instantes, a paz anestésica é substituída pela aflição de não sentir as pernas e a pelve. Reclamo. O anestesista diz que a anestesia é uma mistura de duas, a hack mais uma outra, e explica que em breve voltarei a sentir tudo e continuarei sem dor. Digo que conheço ele de algum lugar, fico espreitando o rosto de anestesista nerd dele e pergunto de repente:

"Você mora em Higienópolis?"

Ele responde que sim. Depois se embrenha numa conversa com meu pai, estudaram na mesma faculdade. O dr. W. faz um novo exame de toque e dessa vez não sinto nada, o que é estranho. Minha dilatação está em sete centímetros. Todos resolvem sair para jantar, inclusive o Luiz. Reclamo da fome e me dão mais um picolé, dessa vez de limão. Fico sozinha na sala escura, as estrelas brilhando acima da banheira e a anestesia fazendo meu corpo todo formigar. Durmo um pouco, até que todos começam a voltar. Minha fome aumentou e quero saber o que cada um comeu. O dr. W. diz que havia bolinhas de queijo na sala dos médicos.

"Aquelas de festa de criança?", pergunto.

"Sim", ele responde.

"Que inveja!" Estou quase salivando.

Ele ri. Manoella chega e começa a fotografar alguns momentos. Penso na Partolândia sobre a qual falamos no grupo da Dulce, em todos me dizendo que eu deveria entrar nesse estado, ativar o sistema límbico, mergulhar no mundo das sensações, me conectar com a terra. Olho em volta e vejo Luiz contando uma piada, todos rindo, e de repente alguém me pergunta sobre ser atriz e começo a contar uma história longa de algum filme. Todos riem mais uma vez. Penso na minha Partolândia e ela não é nada do que planejei. É melhor, com cara de festa e sabor bolinha de queijo. De repente sinto uma dor estranha na lombar. O anestesista, que estava quieto no canto, imediatamente aparece na minha frente.

"Tá com dor?"

"Acho que sim."

"De zero a dez, sendo dez a dor do seu dedo sendo cortado pra fora da sua mão, qual é a nota da sua dor?"

Tenho vontade responder sete e meio, mas, diante da régua violenta que ele estabelece, murmuro um quatro e meio.

"Talvez o cateter tenha escapado da coluna", ele diz. "Vou fazer uma dose teste".

A cada contração as dores aumentam e vêm cada vez mais rápido.

"Dose teste? Não é melhor já refazer? Eu não posso parir sabendo que talvez o cateter tenha saído do lugar."

Ele me tranquiliza, aplica uma dose e pede novamente a nota da dor.

A dor não mudou muito, mas tento ser otimista: "Acho que está em quatro agora".

Ficamos nessa de dose teste por mais de meia hora, até que começo a me contorcer. "A dor tá oito, tá oito!", grito, desesperada.

A sala é tomada por um silêncio tenso de alguns minutos. O anestesista resolve refazer o acesso e tira o cateter, que antes era uma linha reta, mas agora tem formato de C, de tão torto que está. Para ele conseguir pôr um novo no lugar, preciso me sentar quieta na cama, mas meu corpo involuntariamente se contorce de dor. Eu me concentro tanto para não me mexer, que acabo me sentindo meio uma super-heroína, um mix de Karatê Kid com Matrix, como se eu pudesse desviar de balas ou quebrar uma pilha de tijolos com meu pensamento. Quando ele finalmente aplica uma nova dose, volto ao paraíso, e a voz aveludada de Frank Sinatra entra pelos meus ouvidos. Dessa vez sinto as pernas e tenho controle dos movimentos, só não sinto a dor.

Sorrio drogada para o anestesista: "Tá perfeito".

Durante a hora seguinte, pareço flutuar. Dra. U. monitora as contrações e os corações de Benjamin e de Maximilian, como vem fazendo nas últimas dez horas. Olho os números no monitor e pareço entender alguma coisa. Já são quase dez da noite.

Dr. W. sorri e diz: "Bem que você falou, parece que seus bebês vão mesmo nascer no dia de Iemanjá. Acho que antes da meia-noite eles não saem daí".

No meio de tudo, surge um rosto com máscara que parece estar sorrindo para mim.

"Oi, Martha, estou fazendo um parto aqui do lado e vim te ver."

Espremo os olhos e reconheço os poucos cabelos ruivos que escapam da touca: é a dra. F., amiga da dra. I. e minha médica do ultrassom. Pego na mão dela e sorrio. Estou completamente grogue depois de mais de dez horas de ocitocina, contrações e anestésicos. Dr. W. faz um novo exame de toque. Dez de dilatação.

"Podemos ir para o centro cirúrgico", ele afirma com calma.

"Já? tem certeza?"

Ele sorri. Nas últimas semanas fiz tudo o que pude para tentar o parto normal, mas no fundo tinha certeza de que em algum momento alguém me diria: "Ok, Martha, tentamos de tudo, mas vamos ter que partir para a cesárea, tudo bem?". E de repente estou sozinha a caminho do centro cirúrgico. Todos desapareceram. Um enfermeiro de Crocs me leva na maca. Meu corpo começa a tremer e os dentes batem uns nos outros dentro da boca. Tento controlar os dentes, mas não consigo.

"O que eu tenho?", pergunto ao enfermeiro. Pareço estar de regata no polo Norte de tanto que tremo.

"Você tem medo", ele responde.

"Estou tremendo de nervoso?", insisto.

"Sim", ele diz, "e também por causa da anestesia."

Entramos no centro cirúrgico, onde uma equipe gigante me espera — como são gêmeos, há duas equipes. Não paro de tremer, tenho a impressão de que meus dentes vão quebrar. Me colocam numa cama e eu reclamo.

"Vou ter que parir nesta posição?"

Dr. W. me explica que, com gêmeos, eu preciso estar pronta para uma cesárea de emergência, por isso tenho que parir deitada. Ele me pergunta se pode acender a luz do centro cirúrgico, a pedido da fotógrafa. Explica que a luz baixa é mais gostosa, mas as fotos não saem boas. Dou ok e eles acendem uma luz fria.

"Quando vier a próxima contração, você vai fazer força."

Já??? Não tenho ideia do que fazer. Lembro das milhares de cenas de novela com mulheres gritando e empurrando bebês para fora, e ali estou eu, doze horas depois de ter começado o soro com a ocitocina, com fome, tremendo de medo, sem saber o que fazer.

"Tá vindo, vai, agora, mais um pouco."

Faço muita força, mas pelo clima entre a dra. U. e o dr. W. percebo que não foi a força certa. Lembro da única consulta que fiz com a fisioterapeuta pélvica, em que ela falou para eu visualizar duas linhas diagonais fazendo força para se encontrar no baixo ventre. Então penso nas linhas e faço o maior esforço que já fiz na vida.

Os médicos parecem mais animados: "Isso, tá indo bem".

O exercício se repete por mais de uma hora e eu me ressinto das cenas de novela que consumi a vida toda, onde os partos milagrosamente se resolvem em vinte segundos. Nos intervalos das contrações, quando faz silêncio no centro cirúrgico, minha barriga ronca de fome. Eu devia ter comido aqueles dois bifes, tenho fome e não sei de onde tirar a força que preciso fazer. A cada contração, acho que fiz a maior força da minha vida, mas, ao contrário das novelas, não grito, porque o grito dispersa a força, então urro para dentro.

2 DE FEVEREIRO

Há mais de vinte pessoas à minha volta, sei que minha mãe e minhas irmãs estão do lado de fora, atrás da janela, agora coberta por uma cortina. Somos todos um corpo só, concentrado em trazer dois bebês ao mundo. Começo a entender o que estão me pedindo, a entender o caminho. Maximilian começa a descer, e eu quero, mais do que tudo, ter força para pari-lo. De repente o dr. W. e a dra. U. se entreolham e falam baixo alguma coisa. Meu coração gela. Eles me explicam que o batimento do Max está mais baixo, que ele está cansado, entrando num possível sofrimento, e que eu tenho que escolher, agora (já!), entre a cesárea e o fórceps. Meu coração dispara, sinto uma culpa gigante de colocar meu filho em risco. Estou fazendo isso? Racionalmente entendo que o parto normal é o mais seguro e natural para nós, mas existe aquela vozinha dentro de mim, aquela que foi socialmente instituída ao longo das últimas décadas, aquela vozinha malévola que sussurra: "Tá vendo? Foi inventar de ter parto normal e agora seu filho tá aí, sofrendo". Olho para o Luiz, que está de mãos dadas comigo, e sua mão transpira. Estou em pânico e ele também; olho em volta, não sei o que fazer. Uma cesárea depois de tudo o que passei me parece um desfecho infeliz. Olho para os monitores dos corações de Benjamin e de Maximilian, e a dra. U. me diz para eu respirar fundo e mandar o ar para o ventre. Faço isso e vejo o monitor de Max mudar em segundos.

"O que você quer fazer?", dr. W. me pergunta.

"Não sei, o que você aconselha?"

"Eu tentaria o fórceps", ele diz, bem calmo.

Lembro do Frank Sinatra, do Noel Rosa, marcados pelo fórceps. Nunca pensei no assunto. Olho para Luiz.

"Quer tentar o fórceps?", pergunto.

Tenho medo de Max piorar, me pergunto se o parto normal

é uma vaidade, se não será melhor abrir e tirar logo todo mundo de dentro. Olho alguns metros à esquerda, para onde meu pai está sentado. Ele está curvado, nervoso, com a cabeça meio baixa. Sei que está tenso, conheço ele, que é parecido demais comigo. De longe, ele abaixa a máscara, abre bem os lábios, para que eu entenda, e diz: "Faz o fórceps".

Me viro para o dr. W. e digo: "Vamos tentar o fórceps uma vez; se não der certo, partimos para a cesárea".

Em segundos, as vinte pessoas do centro cirúrgico se movimentam com agilidade para todos os lados e algo acontece na minha vagina, um corte, uma sonda. Sinto e não sinto. Me dá aflição. Pessoas passam na minha frente e eu estou de pernas abertas, escancaradas. Dr. W. insere o fórceps e tenho a impressão de que algo quadrado, como se fosse um tablet, está dentro de mim. Sem aviso, o tablet vira. Dou um grito.

"O que foi isso?"

Dr. W. sorri para mim. "Estamos colocando a cabeça dele na posição certa. Quando vier a próxima contração, você vai fazer uma grande força e o Maximilian vai sair."

Ele diz com tanta certeza e calma que eu acredito. Embora esteja sem energia, faço a maior de todas as forças, e depois mais um pouco. De repente um bebê está vindo na minha direção. Um bebê todo melado; não sei se é a luz ou a substância que cobre seu corpo, mas parece que vem numa película em preto e branco. Ele se aproxima de mim chorando. Luiz corta o cordão. Eu agarro Max e imediatamente estou completamente apaixonada. Lembro que minhas irmãs, minha mãe e minha sobrinha estão atrás do vidro. Luiz pede que alguém abra a cortina, viro a cabeça para a esquerda e encontro todas coladas do outro lado. Estão emocionadas e eu começo a chorar compulsivamente. Eu, meu bebê e as mulheres da minha vida atrás do vidro. Não quero me separar desta criatura nunca mais. A pediatra chega, diz que ele está bem, mas que precisa levá-lo. Se ele está bem, por que precisa levá-lo?

"Tá bem, leva. O que ele tem? Tá tudo bem? Leva, então." Nada me preparou para isso. Nem as novelas nem as amigas, nada. Eu achava que era exagero, juro. Beijo seu rosto, nada se compara ao que sinto agora. Fico olhando a pediatra levar meu bebê para longe de mim. Estou zonza. Ouço de longe meu nome e um estalar de dedos. Demoro para me virar. Quando alguém me chama pela quinta vez, saio do transe.

"Martha, Martha, Martha, Martha. Martha!!! Ainda tem o Benjamin, preciso de você." Dr. W. me resgata.

É como se eu tivesse acabado de ir à Lua a nado pelo espaço sideral, voltado, e alguém me dissesse: vamos à Lua de novo. Respiro e tento aparentar normalidade.

"Claro, claro, vamos lá."

Meu corpo está mole e mal consigo falar. "Tá acontecendo alguma coisa comigo", eu digo.

O anestesista-chefe coloca oxigênio no meu nariz e me explica alguma coisa, mas não lembro direito o quê. Respondo "ok" e me concentro em ficar acordada. Começo novamente o processo de esperar a contração e fazer força. Tenho fome. Durante 25 minutos faço mais força do que fiz a vida inteira. Luiz vai e volta e não entendo o porquê, algo está acontecendo com o Max e ele tenta não me preocupar. Na verdade, não tenho energia extra para parir um bebê e me preocupar com outro. Então confio que está tudo bem com Max. Estou exausta, faminta, zonza. Dr. W. me pergunta se faço questão de levar o expulsivo até o fim, lembra que podemos usar o fórceps novamente. Diz que Benjamin está bem, que já desceu bastante, mas que vamos demorar mais uma hora e pouco até chegarmos ao fim e, como perdi muito sangue, ele acha que estou muito cansada. Na verdade, mal tenho forças para responder.

"Vamos fazer o fórceps", sussurro. Tenho a sensação de que vou desmaiar.

Mais uma vez, a sala toda se movimenta para o procedimento. O tablet entra em mim e vira, dou um novo grito, mas agora pareço estar em câmera lenta. Faço uma força enorme quando dr. W. manda e em seguida vejo um bebê se aproximando. Benjamin, meu outro filho. Ouço um estampido quando ele está vindo em minha direção, e alguém da equipe solta um "oh" de preocupação. Benjamin para no meio do caminho, o cordão arrebentou. Mais cinco segundos e ele está no meu colo. Agora a pediatra não tem pressa em tirá-lo de mim. Benjamin é mais pesado e mama no meu peito. Me emociono com sua pequena boca que suga. Tenho a sensação de que vou deixá-lo cair, estou prestes a desmaiar. Meus olhos reviram dentro do globo. Perdi mais de um litro de sangue. Mais. Tento me manter presente, tenho medo de deixá-lo cair. Com o pouco de força que me resta, pergunto se anotaram direito a hora que cada um nasceu para eu poder fazer o mapa astral dos dois. "Sim", me respondem. Peço para ver minha placenta, está tudo ficando preto.

"Pai, pai, fica perto de mim... Cadê o Luiz?"

O anestesista diz que vai aplicar sei lá o quê e que vou me sentir melhor. Tenho medo de morrer. Grito pelo Luiz e ele aparece, aflito.

"Fica comigo", eu peço.

Ele diz que precisa ir ver o Max e eu digo que o Max está bem, que estou precisando dele mais que o Max. Na verdade, estou com medo de morrer, um medo bem real, baseado num estado de fraqueza absoluto. Estou aberta, sangrando. Na verdade, não é medo de morrer, é a ideia de que morrer, ali, não seria improvável.

Preciso que o Luiz fique perto de mim. Pergunto mais uma vez da placenta. Dr. W. está terminando de costurar a episiotomia. Tenho aflição de coisas estarem acontecendo no meu corpo sem que eu sinta. Começo a ficar cada vez mais longe, cada vez mais próxima do sono. Não quero dormir. Me ponho a falar sem parar, conto uma história sobre a minha mãe. Não quero dormir. Lentamente, o centro cirúrgico começa a se esvaziar. Peço de novo para ver a placenta. Dr. W. faz uma cara estranha e diz:

"Então…" Ele explica que a minha placenta é um caso raro de vasa prévia, que, do lado do Max, o cordão está preso na fina película da parede, e que é uma placenta perigosíssima, pois na hora que a bolsa estoura, se estoura num dos vasos, a hemorragia é fatal.

"Fatal para quem?", pergunto.

"Para o bebê", ele responde.

É estranho, se ele tivesse dito "Fatal para você" eu teria me sentido melhor. Meu corpo todo fica arrepiado e minha sensação de iminente desmaio passa.

"Ignorância às vezes é uma bênção." Dr. W. sorri: "É muito difícil detectar esse tipo de placenta".

"Você já tinha visto uma dessa?", pergunto.

"Só em livro", ele responde.

Olho com gratidão para a placenta abandonada na mesa de metal gelada, meio marrom, meio roxa. Parece uma casa estranha, com uma divisão no meio. O cômodo de Benjamin tem um cordão forte que sai das costas. Do lado do Max, o cordão sai pela lateral, como uma planta trepadeira, e tem veias grossas, deformadas. Penso na dificuldade que ele teve para ganhar peso. Peço a Manoella que faça uma foto da placenta. É estranho ir embora e deixá-la ali, como se eu deixasse um pedaço de mim. Tenho vontade de levá-la comigo. Ela vai para um lixo especial? Comum? Devo me despedir ou pedir que alguém a guarde num lugar seguro? Penso, mas não tenho forças para falar. E, antes que todos desapareçam, digo para Manoella fazer uma foto da equipe. Seguro Benjamin no colo e chamo os médicos.

Agora estou quase sozinha, e o anestesista me passa umas orientações. Peço que me tragam comida e ele diz que preciso ficar algumas horas na recuperação antes de comer.

"Horas?" Fico desesperada.

O dr. W. e a dra. U. se despedem de mim. Como assim eles vão embora? Depois de tudo isso? Não quero me separar deles. Luiz diz que vai para o quarto e que nos vemos depois. Tenho vontade de chorar, não quero ficar sozinha depois de tudo isso, não aguento mais passar fome. Luiz está quase dormindo em pé. Peço que ele deixe o celular comigo e faço ele prometer que vai me conseguir um café da manhã antes da hora e que o café vai estar no quarto quando eu chegar.

Me levam para a recuperação. A sala está vazia e duas enfermeiras conversam baixinho. Tenho uma bolsa de gelo entre as pernas e o sangue quente não para de escorrer de dentro de mim. Tento dormir, mas é impossível. Pego o celular e vejo uma mensagem da Diane, minha amiga, me dando os parabéns, emocionada com tudo, com os meninos, com o parto normal. Ela anexou a foto de um altar com uma vela que acendeu para o parto. Só quando leio a mensagem dela é que uma ficha gigante cai sobre minha cabeça: acabei de parir dois bebês num parto normal. Por mais que eu tente, não consigo conter o choro, é um choro alto, não tenho controle do meu corpo. As enfermeiras correm e perguntam o que tenho e eu não consigo responder. Minha boca não obedece. Tento dizer que estou emocionada, mas nada sai direito. Elas se irritam comigo, eu percebo. De quando em quando, checam meus sinais vitais. A pediatra aparece no meio da noite, perguntando se pode dar fórmula em copinho para o Max, porque a glicose dele está baixa.

"Pode. Sim. Pode, sim. Sem mamadeira, né?" Estou confusa, mas essa glicose baixa me aflige. Aos poucos, consigo deixar o choro num volume mais baixo. Não quero ficar ali. Acabei de viver a coisa mais louca da vida. Tudo o que não quero é estar aqui nesta maca, abandonada, com fome. Puta que pariu.

O dia amanhece e me dizem que vou para o quarto. Levo um susto quando me informam que Max e Ben vão comigo. Estou deitada na maca, uma enfermeira chega e encaixa meus dois bebês dentro do meu top. Depois ela passa um pano comprido em volta do meu tronco, amarrando os bebês em mim. Eu tinha certeza de que eles iriam ficar um tempo na UTI, ou em observação, o que é comum em nascimento de gêmeos. Mas aqui estamos nós três, embrulhados num lençol, subindo pelo elevador. A sensação é lisérgica. Entramos os três no quarto e tenho que gritar umas cinco vezes o nome do Luiz até ele acordar. Ele também leva um susto com a presença dos meninos. O café da manhã ainda não chegou e tenho certeza de que vou desmaiar de fome. Me olho no espelho e vejo que o melasma gigante que tinha se apropriado da minha testa na gravidez está clareando numa velocidade assustadora. Pari não tem nem seis horas e a queda de hormônios já mostra sua cara.

Passo o dia virada, sem ter dormido nem uma horinha. Estou com saudades do parto, do dr. W., da dra. U. É como se eu tivesse feito uma apresentação incrível de uma peça de teatro e só quisesse estar com o elenco e a equipe depois do espetáculo, falando do assunto, revivendo os melhores momentos. Mas eles não estão comigo e sinto uma melancolia. Tomo banho com a ajuda de uma enfermeira, recebo algumas visitas. Ainda sangro muito e tenho que tomar ferro na veia.

No meio da tarde, uma enfermeira entra animada no quarto e pergunta: "Vamos tentar amamentar?".

Eu tinha esquecido completamente desse assunto, ainda estava no capítulo anterior. Ela percebe minha cara de surpresa e pergunta: "Você não quer amamentar?".

Digo que sim, claro. Colocamos um bebê de cada vez no peito e eles mamam um pouquinho. Fico preocupada.

Vítor e Letícia vêm no fim do dia visitar os irmãos e trazem dois macacões listrados de presente. Vítor pega um dos bebês no colo e diz que antes estava muito preocupado, mas que agora está feliz. Letícia também está feliz.

De noite, peço que as enfermeiras levem os meninos por um tempo para o berçário. Preciso desesperadamente dormir.

3 DE FEVEREIRO

Tenho uma sede sem fim. Tomo goladas de água no gargalo da garrafa, como se tivesse passado dias atravessando um deserto. De três em três horas uma enfermeira diferente vem me ajudar com a mamada, e cada uma delas tem um grande truque ou um conselho infalível para me dar. Tudo ajuda um pouco, mas nada ajuda de verdade. Os meninos mamam, mas a glicose continua baixa, o que nos obriga a dar um pouco de fórmula para complementar. A mamada das seis da tarde me deixa profundamente nervosa. Desabafo com a enfermeira Gisela, digo que não estou entendendo nada, que não consigo amamentar direito. Explico para ela o jeito de cada um pegar o peito e falo que não consigo entender por que eles fazem coisas tão diferentes.

Ela sorri. "Porque você tem dois filhos e duas histórias para contar", Gisela me diz num tom meio mestre dos magos, meio psicanalista. Fico emocionada.

4 DE FEVEREIRO

Maximilian passa o dia com óculos de sol, tomando luz na incubadeira por causa da icterícia. Continuo na batalha das mamadas. Às vezes saio vitoriosa, outras fracasso retumbantemente. Os bebês seguem perdendo peso. Já estou no terceiro dia do pós-parto e meu intestino ainda não funcionou, e esta parece ser uma coisa de fato muito importante para todos e principalmente para mim. Toda vez que penso que vou conseguir ir ao banheiro, alguma visita (ainda que sejam escassas, graças à pandemia) chega ou sou chamada para amamentar um bebê. Talvez eu precise tirar férias para fazer cocô.

5 DE FEVEREIRO

Hoje é meu último dia na maternidade, e a dra. I. avisa que virá me ver logo cedo. Fico nervosa com o encontro, quero que ela conheça meus filhos, mas não sei se está chateada comigo por eu ter feito o parto com outro médico. Ela chega e conto o parto em detalhes. Ela ouve emocionada e nos abraçamos. Depois do almoço, tenho alta e saio da maternidade com uma série de recomendações, receitas e dois seres humanos para cuidar. Dr. W. diz que vai me mandar a melhor consultora de amamentação na minha casa.

Ao entrarmos no nosso apartamento, Thais, a babá, e Lu, que trabalha aqui em casa, nos esperam ansiosas. Fazemos as devidas apresentações e, seguindo as recomendações de um livro, mostro cada cômodo do nosso lar para Max e Ben. Com eles no colo, caminhamos pela casa enquanto vou contando sobre a nossa vida e as pessoas que fazem parte dela. Apresentamos eles também à nossa gata, Izzy, que está visivelmente contrariada com os novos moradores da casa.

Patrícia, a melhor consultora de amamentação que o dr. W. tinha prometido me apresentar, chega quase de noite e me encontra em pânico.

"Onde está o seu esterilizador?", ela me pergunta num tom firme.

Tenho vontade de chorar, começo a gaguejar enquanto procuro pelo esterilizador. Ando pela casa perdida, não tenho ideia de nada, a queda de hormônios é brutal. Me sinto o ser mais vulnerável que existe. De repente lembro que minha amiga Bel, que acabou de ter uma filha, comprou sem querer dois esterilizadores e mandou um para cá. Patrícia esteriliza alguns itens enquanto conversamos. Ela pergunta se fiz plástica no seio e digo que sim. Ela pede o nome do médico.

Quando respondo, ela diz, sorrindo: "Esse é da velha guarda. Você vai conseguir amamentar, porque eles sabiam fazer direito".

Sou imediatamente transportada para a minha primeira consulta com dr. J., vinte anos atrás. Ele era amigo do meu pai e, como eu tinha engordado e emagrecido mais de trinta quilos, precisei fazer uma cirurgia para retirar a pele excedente dos seios e da barriga. Me lembro claramente de ter falado para o dr. J. que eu queria ter filho e queria poder amamentar.

Vinte anos depois, tenho dois filhos e continuo querendo amamentar. Eu, Patrícia, Luiz e minha mãe vamos até o quarto e coloco os meninos no peito. Ela faz uma avaliação da pega de cada bebê e me ensina alguns macetes. O mais doido é que a pega fala um pouco da personalidade de cada um. Quando ela coloca os meninos no colo, demonstra a intimidade de quem faz isso com frequência. Quando eles choram, ela cantarola uma musiquinha que eu não entendo se é para repreendê-los ou acalmá-los: "Oi oi oi", Patrícia repete, dando palmadinhas no bumbum, com uma autoridade doce na voz. Cada vez que ela fala o "oi oi oi", os adultos do quarto ficam em silêncio, como se a obedecessem também. Ela me ensina o melhor jeito de trocar o cocô e limpar o umbigo. E quando acho que já aprendi o suficiente, ela tira uma sonda da bolsa e começa a me explicar o processo de relactação. Oi? O que é relactação? Sou analfabeta nesse universo.

Ela me explica que, para não causar a temida confusão de bicos, com mamadeira e seios, pode-se dar a fórmula através de uma sonda. Uma das extremidades fica colada no peito, bem junto ao bico do seio, e a outra fica ligada a um recipiente com o leite artificial. Assim, os bebês mamam o peito e a fórmula ao mesmo tempo. A sonda parece uma boa solução, mas sinto raiva dela, daquele pedaço de plástico invadindo minha intimidade. Não consigo entender o que Patrícia fala e me pede, e a sensação é de que ela quer que eu aprenda a falar alemão em quarenta minutos sem eu nunca ter tido contato com a língua. Não consigo assimilar. Começo a chorar e a engolir o choro ao mesmo tempo, com medo de ela ficar brava comigo e cantar a mesma musiquinha que cantou para os meninos pararem de chorar. Patrícia me orienta até eu me acalmar e conseguir amamentar com a sonda. Max e Ben ficam indignados com aquele cano de plástico na boca deles. Quando ela vai embora, me bate um desespero de eu não conseguir repetir o processo sem ela.

6 DE FEVEREIRO

Minha mãe mandou fazer uma lembrancinha para as visitas: uma pequena caixa branca impressa com o desenho do Max e do Ben que a minha amiga Manu bordou, embrulhada num laço de fita azul. Dentro da caixa, quatro balas de coco recheadas, as melhores que comi na vida. Toda vez que abro o armário, fico olhando para as caixinhas e me enterneço com a delicadeza do desenho e do gesto da minha mãe. Cada vez que vem uma visita, entrego a caixinha como se fosse ouro.

Mais tarde meu pai chega do trabalho. Eu tinha me esquecido de que a minha mãe estava em casa. Durante muitos anos recorri a estratégias loucas para que meu pai e minha mãe nunca estivessem ao mesmo tempo no mesmo ambiente, mas hoje, no meio do turbilhão em que estou, nem me passou pela cabeça evitar o encontro dos dois. Meu pai entra, vai em direção ao quarto e dá de cara com a minha mãe na sala. Ouço a conversa dos dois no corredor:

"Oi, Maria."

"Oi, Alexandre."

Por alguns segundos, penso se devo fazer alguma coisa para remediar a situação, mas não faço nada. Eles que sempre foram os adultos que se entendam, afinal. Sentamos à mesa junto com minha amiga Maria, que veio do Rio me ver e acompanhar seu filho João, que vai prestar vestibular. Maria faz algumas piadas enquanto comemos, na tentativa de quebrar o gelo que há anos se solidificou em um gigantesco iceberg. Ela sugere tirarmos uma foto e nos sentamos todos no sofá: meu pai, minha mãe, eu, Luiz e os bebês nos colos. Para mim é uma foto histórica, mas, mesmo depois de tantos cliques, não consigo achar nenhuma em que todos tenham saído bem.

7 DE FEVEREIRO

Organizo toda a rotina da casa e dos bebês com Thais. Como são muitas mamadas, passo muitas horas do dia ao lado dela, e é estranho. Não temos intimidade alguma, no entanto é ela quem está presenciando os momentos mais delicados e íntimos que já vivi.

De noite, enquanto troca os meninos, Luiz faz um cálculo idiota sobre quanto vai medir o pau deles no futuro. Brigo com ele, digo que não quero pensar nos meus filhos sob essa ótica sexual, quero eles bebês para sempre. Luiz continua me provocando, fala de como eles vão barbarizar no Carnaval da Bahia. Ele está brincando, claro, mas vai me deixando nervosa, até que por fim eu grito:

"Chega! Não quero pensar neles comendo outra mulher!"

Nós dois paramos, Luiz me olha e diz: "Mas quem é que eles estão comendo agora?".

Fico roxa de vergonha e caímos os dois numa risada edipiana e escandalosa.

8 DE FEVEREIRO

Me peso e descubro que emagreci quinze quilos desde o nascimento dos bebês. Estou oito quilos mais magra do que antes de engravidar. Setenta e cinco quilos: a balança marca meu peso ideal. Fico olhando para aqueles ponteiros indicando o número que busquei loucamente nos últimos cinco anos e não consigo acreditar. Acho que tem alguma coisa errada, chacoalho a balança, mas ela insiste no mesmo peso. Minha impressão é que nestes primeiros dias o corpo consome uma quantidade indecente de calorias para produzir leite. Olho no espelho e meus braços e pernas nunca estiveram tão magros, enquanto a barriga mantém a saliência de quem acabou de parir. A pele do corpo está mole, macia como a de um bebê. Dizem que os hormônios do parto deixam tudo molinho para o corpo poder se abrir e o bebê sair. Lembro da imagem de mulheres magras de perna fina e barriga de verme num chão de barro, criada por algum pintor brasileiro. Meu útero dói e às vezes sinto um peso no assoalho pélvico, como se meu ventre fosse desmoronar. Preciso contrair toda a região para que a sensação passe. Fora isso, faço de tudo, cruzo as pernas, ando e carrego meus filhos. Luiz comenta que eu não tenho ideia de como estou bem e de como a recuperação de uma cesárea seria muito mais difícil.

9 DE FEVEREIRO

Meus hormônios estão em queda livre. Meu *baby blues* (misto de melancolia e medo de não conseguir cuidar do bebê que a maior parte das mulheres experimenta no pós-parto) vem em média dezoito vezes ao dia, em pequenos, médios e grandes choros. Luiz me abraça e eu derramo nele as lágrimas mais gordas da minha vida. Sinto uma tristeza e uma alegria absolutas e muito compatíveis. E sinto medo de eles crescerem, por serem tão lindos pequenos. Continuo com saudade do parto, das pessoas do parto, sinto vontade de voltar para aquele momento. Ontem olhei para o altar que tenho em casa e vi dois bombons que deixei ao pé de Iemanjá no dia que fui para o hospital. A enfermeira da clínica do meu pai tinha vindo na véspera do parto fazer meu tratamento de imunoterapia e me deu os dois bombons. Coloquei no altar, ainda grávida, quando estava rezando antes de me internar. Não sei para quem deixei os bombons, se para os erês ou para são Cosme e são Damião, mas acho que foi mesmo para Ben e Max. Não posso bater os olhos nos bombons que choro. Choro quando as visitas vão embora ou quando fico sozinha por mais de dez minutos. Às vezes me afasto, só para poder chorar, como se eu tivesse que abrir uma válvula e deixar drenar. Preciso abrir a válvula algumas vezes ao dia, e, se eu não abro, ela abre sozinha, como uma barragem que rompe, uma comporta que falha. Penso constantemente num trecho do primeiro poema que li de Álvaro de Campos na escola: "Abra as eclusas. E basta de comédias na minh'alma!".

10 DE FEVEREIRO

Depois de eu passar algumas noites em claro, cuidando dos bebês e amamentando, e de chegar a ponto de me sentir um fiapo de gente, Luiz e eu decidimos que ele vai ficar no quarto com os bebês de madrugada e que eu irei para as mamadas. Luiz tem uma habilidade invejável de acordar e dormir de novo em poucos segundos. Assim, consigo umas três horas e meia de sono seguidas (uau!). Quando amanhece e a Lu chega, Luiz vai para o nosso quarto e dorme umas cinco horas. Sinto inveja do sono tranquilo que ele consegue ter. Deito na cama e só consigo pensar na possibilidade dos meus filhos se sufocarem com o colchão, com a saliva ou com o próprio ar. Vera, diretora de cinema e mãe de gêmeos, veio me visitar e trouxe duas mamadeiras gringas que imitam o fluxo do seio materno. É uma mamadeira em que é mais difícil de mamar, mas que supostamente causa menos confusão de bico em recém-nascidos.

De noite, Benjamin se engasgou com o leite do meu peito, que eu estava dando junto com a sonda. Estávamos eu e minha mãe no quarto, quando ele ficou sem ar. Segurei ele no colo e olhei para ela em pânico. Meu corpo todo ficou gelado em menos de um segundo. Dei uma batidinha em suas costas e ele demorou a voltar a respirar. Deve ter durado uns cinco segundos, com uma sensação de um minuto e meio. Quando ele voltou a respirar, comecei a chorar. O choro se prolongou por horas.

11 DE FEVEREIRO

Levamos os meninos à pediatra para pesar. É um malabarismo lidar com os bebês-conforto, encaixar no carro com o cinto de segurança, preparar a mochila. Sair de casa com dois recém-nascidos parece ser a coisa mais trabalhosa que já fiz na vida. Depois de uma semana com sonda, peito, leite no copinho e o escambau, Benjamin não engordou um mísero grama e Max ganhou apenas quinze gramas. Fico muito frustrada e volto para casa desanimada. Chove pesado em São Paulo. Uma amiga querida vem me visitar. Ela pergunta se estou usando cinta de pós-parto e digo que não, que não consigo usar nada apertado e amamentar ao mesmo tempo.

"Você não imagina como seus órgãos estão soltos", ela diz.

"Não quero usar", repito.

Em seguida ela me conta de uma senhora que morreu de covid e tenho uma vontade louca de chorar. Por fim, quando a mamada acaba, vamos para a sala e pego um pirulito de chocolate com pasta americana que minha amiga Julia deixou quando do veio conhecer os meninos. Mordo o pirulito e ela diz:

"Você não pode comer isso, dá gazes e cólica nos bebês."

A essa altura da visita, mesmo sabendo que ela está querendo me ajudar com seus conselhos, já estou me sentindo muito incompetente. Respiro fundo e digo que vou comer o pirulito, que não consigo, além de tudo que está acontecendo neste momento, ficar sem açúcar. Nesse meio-tempo o computador do Luiz dá pau e ele começa a esbravejar no meio da sala. Dou a ela a lembrancinha que minha mãe mandou fazer e, quando ela vai embora, entro no banheiro e choro.

Tento me lembrar se alguma vez eu também fui indelicada com alguma recém-parida. Tenho certeza de que sim. Entro na banheira e ouço "Baby", com a Gal Costa. Me lembro de outra mulher, de mim mesma, lembro do sexo, da vida, do cheiro de álcool numa pista de dança, da nuvem de cigarro nas festinhas. Lembro do teatro, das conversas, de tudo o que existe para além dessa bolha do puerpério. Como conciliar as personagens? Lembro de quando fiz três personagens ao mesmo tempo, numa época em que eu atuava em duas séries e uma peça. Como eu conciliava todas elas?

12 DE FEVEREIRO

A pediatra me escreve pedindo que eu conte como estão as mamadas. Digo que as mamadas são épicas, duram horas, os bebês até dormem, e trocamos as fraldas para acordá-los. Apesar de eu ter um caderno em que anoto qual peito dei para qual bebê e por quanto tempo, às vezes confundimos os bebês. Conto como eu e os meninos detestamos a sonda e que experimentei fazer uma mamada com a mamadeira importada que imita o fluxo do peito. Ela tenta não parecer alarmada depois da última pesagem, mas diz que os meninos precisam ganhar peso e sugere que a gente dê o complemento numa mamadeira comum, uma mamada sim e outra não, até quarta-feira, dia 17. A pediatra explica que, com dez dias de vida, eles precisam de mais calorias no corpo para ser capazes de fazer mamadas mais efetivas e ganhar peso. Fico com medo de o Max desencanar do meu peito, já que ele é um mamador um pouco mais impaciente (segundo a consultora) e, se tiver acesso a um leite mais fácil, pode não querer mais o peito.

Uso a mamadeira comum algumas vezes no dia e, na mamada da noite, percebo que Max tem mais dificuldade com a pega. Ele balança a cabeça como se dissesse "peito, não". Minhas mãos começam a tremer. Chamo Luiz. Não é possível que em doze horas de mamadeira ele tenha rompido a conexão com meu peito. Começo a chorar e a tremer. Enfio o bico do meu peito na sua pequena boca e empurro para dentro. Ele cospe algumas vezes e sou um pouco mais agressiva. Tenho raiva dele, uma raiva seguida de culpa por ter raiva. Imploro em voz alta que ele aceite o peito, até que depois de alguns minutos torturantes ele engata. Me deito exausta na cama, triste.

Meu pai saiu de férias e sinto falta dele.

13 DE FEVEREIRO

Na mamada das cinco da manhã, Max, outra vez (e agora de forma mais categórica), recusa meu peito. Desesperada, digo ao Luiz que o Max vai desmamar se eu continuar dando mamadeira até quarta, como a pediatra recomendou. Luiz pergunta qual o meu medo, por que estou tão mal. A pergunta é tão estúpida... é como se ele tapasse meu nariz e perguntasse por que eu não consigo respirar.

"Como assim?", eu digo. "Você acha normal meu peito explodindo de leite e um bebê de dez dias que mamava direto por uma hora agora recusar o peito?"

Ele não entende a gravidade.

"EU QUERO AMAMENTAR!", grito e começo a chorar, a engasgar e a tossir e a chorar de novo e a me encolher na cadeira agarrada a um bebê pequeno que não entende nada. Tusso, choro e engasgo como se eu mesma fosse o bebê desamparado, e Luiz fica me olhando paralisado. Ele pega o bico do meu peito e tenta ajeitar na boca de Max. Depois de alguns minutos, Max engata. Luiz diz que não posso mais deixar meu emocional chegar àquele estado, e eu pergunto:

"E o que eu devo fazer, então, com o meu emocional? Trancar numa gaveta?"

Quando Benjamin chega no meu peito, faz uma cara feia e tenho a nítida sensação de que o leite está salgado como lágrima ou azedo de dor — e fica claro para mim que estamos, os três, profundamente interligados. Terminamos a mamada, nos deitamos e peço que o Luiz me abrace. Ele pergunta de novo por que é tão dolorido o Max não querer mais meu peito. Luiz está realmente curioso, como se eu fosse um bicho exótico e ele quisesse entender o meu funcionamento. Brigo com ele, e Luiz vai dormir em outro quarto. Esse talvez seja o ápice do meu *baby blues*, o pior dia de todos, e ele simplesmente vai dormir no outro quarto... Me sinto abandonada, mas entendo; se eu pudesse me separar de mim, talvez tirasse cinco minutos de folga.

Não, eu não me deixaria nem por cinco minutos sozinha.

Me levanto, vou para a sala com o dia amanhecendo e olho para o maço de cigarros. Não estou mais grávida, posso fumar. Olho para o sofá, me imagino fumando e o gosto do cigarro vem na boca. Não gosto da imagem nem do gosto. Vou até a cozinha e tomo litros de fitoterapia para me acalmar. Penso no pequeno grito de independência de Maximilian, exercendo em sua refeição, e a despeito do meu estado emocional, seu pequeno grande livre-arbítrio. Escrevo para a pediatra e durmo esperando a resposta. Ela me responde horas depois e decidimos cancelar a mamadeira e dar o complemento para o Max através da sonda. Ela acha impossível que ele tenha desencanado do meu peito tão depressa, sua teoria é que ele esteja dando uma folga temporária depois de muitos dias em modo econômico de energia. Torço para que ela tenha razão, mas sinto que, se eu der mais meia mamadeira para o Max, ele nunca mais voltará para o meu peito.

Na segunda mamada do dia, ele já pega o peito com mais foco.

Minha irmã Ines e minha mãe vêm me ajudar. Recebo visitas de tios e tias, e um deles, tio Kiko, nos dá um envelope com dinheiro.

14 DE FEVEREIRO

O filho mais velho do meu ex-marido, meu ex-enteado (embora eu ache difícil colocar essa relação no passado), me manda uma mensagem bonita e eu me emociono. Nosso relacionamento nunca foi fácil, por isso fico feliz de ele ter me escrito. Me lembro da sensação de fracasso que senti quando me divorciei do pai dele. Quando eu encontrava as pessoas, tinha a impressão de que todo mundo me olhava com pena, pensando: "Coitada, tá velha demais pra começar tudo de novo, nunca vai conseguir ter filho". Eu fazia as contas: tô com 37, se eu conseguir conhecer alguém este ano, tenho que esperar pelo menos seis meses para mencionar o assunto filho. Se a pessoa concordar em ter filho comigo (o que é difícil, porque, com esta idade, os homens estão todos separados e já com filhos), ainda vai ter o tempo de eu fingir que não tenho pressa e continuar namorando. E depois vai ter o tempo de começar a tentar, e depois o tempo, que é o mais imprevisível, de o meu corpo engravidar. Então, para não engravidar depois dos quarenta, eu preciso conhecer alguém em seis meses, no máximo. Eu achava improvável que isso acontecesse, mas tinha certeza de que ia conseguir. Algo me dizia que, contra todas as expectativas, minha vida daria uma reviravolta enorme pelo simples fato de que eu era uma pessoa que nasceu para ser feliz. Não que eu fosse infeliz, mas na categoria relacionamentos amorosos eu nunca tinha sido feliz de verdade por um tempo consistente.

Quatro meses e meio depois da separação, fui numa festa e, por volta das três da manhã, um cara charmoso com biótipo de indiano me disse:

"Você é atriz, né? Já vi uns filmes seus."

Eu sorri e respondi: "Sou".

Segundo ele, foi um sorriso de quem já estava no papo. E ele disse também que foi o mais bonito que já tinha visto.

Olho no espelho e noto que minha barriga diminuiu um pouco mais. Eu deveria ter registrado meu corpo fotograficamente, dia após dia, desde o parto.

15 DE FEVEREIRO

Hoje tive o pensamento mais estranho de todos enquanto ninava Benjamin. Pensei exatamente assim: um dia Benjamin e Maximilian vão morrer. Comecei a chorar no mesmo instante, e Luiz veio da cozinha. Sempre que me vê chorando, ele pergunta "O que você pensou?", como se tentasse organizar os meus choros em sua cabeça.

A pega dos meninos parece ter voltado ao normal, mas cada mamada é uma tensão. Se mamaram só no peito, fica a dúvida se mamaram o suficiente. Se a mamada tem complemento, fica a tensão de não poder dar muito o peito antes, para que tenham fome suficiente para sugar o complemento. Mas se mamam muito o complemento, fica o medo de o peito não ser estimulado e o leite secar aos poucos. Se comem muito, podem vomitar. E se estão com muita fome, ficam irritados e não conseguem pegar o peito. Não sinto paz em nenhum momento.

16 DE FEVEREIRO

Gêmeos costumam ter torcicolo por causa do pouco espaço na barriga, e tenho reparado que Max fica com o pescoço muito torto quando dorme. Isso pode interferir na qualidade do sono e principalmente na pega da mamada, por isso marcamos uma sessão de osteopatia para bebê. Viviane é doce, profunda e cuida deles com carinho. Ela fica impressionada com a esperteza dos dois, que já seguram o pescoço por alguns segundos com menos de quinze dias de vida.

De noite pedimos comida japonesa e colocamos os meninos no carrinho para ficarem com a gente na sala. O plano é comer e assistir a uma série; eu e Luiz estamos ansiosos para conseguir fazer esse programa juntos. Mas Max e Ben estão no horário da cólica, e não conseguimos nem comer o japonês nem assistir à série, pois eles choram a cada cinco minutos.

17 DE FEVEREIRO

Nesta Quarta-Feira de Cinzas, levamos os meninos à clínica pediátrica para pesar. Tiramos as roupinhas e a fralda e os colocamos, um de cada vez, na balança. Eu e Luiz olhamos para os ponteiros, que se mantêm algum tempo no zero. São segundos de tensão e expectativa até descobrirmos que cada um ganhou noventa gramas. Calculo rapidamente na cabeça: quinze gramas por dia. É bom? É ruim? Eles choram, indefesos, no suporte de metal forrado com pano. Parabenizo cada um deles e nos arrumamos para ir embora. A pediatra manda um áudio dizendo que foi um ganho razoável, mas que pode melhorar. Ela diz para mantermos o protocolo de mamada.

18 DE FEVEREIRO

De madrugada, durante a mamada das duas da manhã, Luiz me conta do seu avô cego de um olho. Curiosamente, todos os seus descendentes, inclusive Luiz e Vítor, quando saem da água, sempre saem com um olho fechado e outro aberto. Sem pensar muito, digo, fazendo cara feia:

"Eita, tem cegueira na sua família? Que medo!"

Luiz ri alto, gargalha mesmo. "Olha quem fala... você reclamando de cegueira na minha família, justo você, neta de uma das maiores cegas do Brasil. E dos dois olhos."

Fico roxa de vergonha e rio, pensando que minha avó Dorina Nowill, a cega em questão, teria achado graça da minha pequena anedota. Minha avó perdeu a visão com dezessete anos e foi a primeira aluna cega a estudar numa escola de videntes no Brasil. Quando terminou os estudos, criou um grupo de especialização para a educação de cegos, que conseguiu uma bolsa de estudos nos Estados Unidos. Voltou de lá com a doação de uma imprensa braile e começou a fazer livros. Ela queria ler e queria que todos os cegos do Brasil também pudessem ler. Queria viajar, praticar esportes, ir ao teatro, assinar um cheque e pagar por sua comida. Lutou para que os cegos pudessem trabalhar, votar, se divertir. Minha avó aplicou o conceito da inclusão na prática desde a década de 1940, quando as pessoas nem sabiam o significado dessa palavra e chamavam pessoas com deficiência de aleijadinhos. E, no meio disso tudo, ela tinha um senso de humor e uma autoironia maravilhosos. Com certeza ela teria gargalhado ao ouvir meu comentário. Ela morreu com 91 anos, depois de décadas de ativismo tanto na Fundação que leva seu nome quanto em cargos na educação pública. Quando produzi um filme sobre ela, fiquei emocionada ao saber do lindo discurso que ela fez na ONU em 1981. Na noite anterior à sua morte, ao visitá-la no hospital, ela me disse que iria embora em breve e que do outro lado finalmente iria enxergar. Sinto uma falta imensa dela e por alguns segundos me pego imaginando como deve ter sido para o meu pai ser criado por uma mãe cega. Como é para um bebê não poder olhar nos olhos de sua mãe e ser correspondido.

19 DE FEVEREIRO

São duas e meia da manhã, e o processo de colocar a sonda no peito é insuportável. Eu e Luiz choramos de cansaço e desespero, e penso em desistir. Peço que ele compre uma balança pela internet que chegue amanhã; quero pesar os meninos o quanto antes. Não vou aguentar esperar até o dia da pesagem na pediatra. A pediatra recomendou vivamente que não comprássemos uma balança.

"Eu sei", eu disse a ela, "é como a noia de se pesar todo dia quando se está de regime. Não ajuda no processo."

"Exato", ela respondeu, "não faça isso."

Mas eu faço.

20 DE FEVEREIRO

Viviane, a osteopata, volta para ver os meninos, que ficaram muito chorosos desde a última sessão.

"Eu também estou chorosa", murmuro.

Ela pergunta: "Quer segurar seus dois filhos ao mesmo tempo?".

"Sim", respondo.

Ela põe os dois no meu colo e diz: "Olha tudo o que você fez".

Fecho os olhos e sinto os dois bebês no meu colo, enquanto lágrimas escorrem do meu rosto. Meus dois filhos. Volto para a sensação da barriga, os dois dentro de mim. Tenho saudade dessa unidade. Nunca mais voltaremos a nos encontrar nesse estado, mas o que passamos juntos ninguém nos tira.

De noite, Patrícia, a consultora de amamentação, volta para fazer um reforço da primeira sessão. Maria está em casa e acompanha o processo. A sessão é forte, Benjamin se debate até ficar vermelho, chora, berra, puto com a sonda, com a gente mandando nele. A consultora dá uns tapinhas na bunda dele e fala alto "Oi oi oi..." naquele seu tom autoritário. Maria, Luiz e eu nos sentimos impelidos a obedecer também. Ela aperta meu peito em diversas posições, coloca uma tipoia e gruda a sonda com um micropore especial. Meu peito não me pertence mais.

21 DE FEVEREIRO

Hoje foi um dia bom. Diane e Maria vêm almoçar. Sirvo um arroz de bacalhau que minha mãe tinha trazido, e Maria faz um creme de papaia de sobremesa que eu não comia desde os anos 90. As duas me ajudam com as mamadas e, pela primeira vez, consigo fazer um dia todo de mamadas "perfeitas". Max e Ben mamando no peito e também no peito com a sonda. Fico feliz.

22 DE FEVEREIRO

Uma das experiências mais desconcertantes que tenho experimentado é ver um bebê gritando de fome enquanto o outro está mamando. Começo a apressar o bebê que está no peito e acabo deixando este também com fome e irritado. Quando os dois finalmente começam a urrar juntos de insatisfação, me sinto a mais incompetente das mulheres.

Às vezes coloco um dos meus filhos no peito e peço para Thais dar uma volta com o outro. Essa também é uma experiência estranha: com gêmeos, é impossível fazer a mamada sem ajuda, e às vezes tudo o que quero é ficar sozinha com eles. Só que não dá. Quando finalmente consigo ficar sozinha com um deles no peito, coloco música para nós. Reparei que todas as músicas românticas que eu costumava ouvir e pensar no Luiz, ou no homem com quem eu estivesse me relacionando no momento, agora ouço pensando nos bebês. Sinto esse mix de amor louco de mãe com uma paixão de adolescência por eles. Hoje ouvi Buchecha sem Claudinho, "Por isso corro demais" e "Something stupid", do Sinatra. Será que estou apaixonada porque eles acabaram de chegar e, com o tempo, assim como com os namorados, vou me acostumar com a presença deles? Ou será que são os hormônios do puerpério?

23 DE FEVEREIRO

Luiz teve uma licença-paternidade de três dias úteis, que ele juntou com quinze dias de férias. Esse período acabou e hoje ele voltou a trabalhar. Me sinto sozinha nesta casa enorme, me sinto a mais solitária das mulheres. À tarde, levamos os meninos para a pesagem. Max e Ben aumentaram em média vinte gramas por dia, e isso é maravilhoso, segundo a pediatra. Eu só penso em poder tirar a sonda da nossa rotina. Ela diz que posso diminuir a oferta da sonda, mas não tirar. Tudo o que eu quero é dar o peito para eles e encostar a cabeça na almofada enquanto sinto os dois sugarem.

26 DE FEVEREIRO

Devo estar com uma voz muito desesperada nos áudios que mando para a pediatra, porque ela sugeriu que eu deixe um complemento para o Luiz dar de madrugada e eu poder dormir uma noite inteira. Ela acha que o sono vai me ajudar em muitas coisas. Combinei com o Luiz que eu faria a mamada das onze da noite, que ele daria um copinho com complemento para os meninos às duas da manhã e que eu só voltaria para a mamada das sete da manhã. Faz quase um mês que só durmo três horas por noite. Às duas da tarde estou decidida a pular uma mamada e dormir a noite toda. Mas na mamada do fim do dia, meu sono e minha vontade de dormir vão se transformando numa culpa que eu nunca havia sentido. Benjamin está com a boca no meu peito, com sua sucção lenta e doce, que às vezes se intercala com a fúria dos titãs, quando penso: "Como vou fazer para dar o cano nos meus filhos? Há um mês nós três comparecemos religiosamente para as seis (ou melhor, doze) mamadas diárias. Como não vou comparecer nessa?

E assim desisto de dormir a noite toda.

27 DE FEVEREIRO

Acordei com desejo de canjica e escrevi para a minha mãe, que me trouxe um pacote de milho.

28 DE FEVEREIRO

Toda vez que meu pai acorda de madrugada para ir fazer xixi e passa pela porta do quarto dos meninos enquanto estou amamentando, ele faz uma cara igual à do Max. Geralmente olho para ele com uma expressão desesperada de cansaço e ele responde com um bico que é o mesmo que o Max faz quando está satisfeito e não quer mais mamar. É engraçado como tenho enxergado coisas minhas e do Luiz nos meus filhos, coisas dos meus filhos nos meus pais e coisas dos outros filhos do Luiz nos meus.

1º DE MARÇO

Hoje de manhã fomos à pediatra. Antes da pesagem, Max faz um cocô enorme e fico desesperada, pensando em quantos gramas havíamos perdido naquele cocô. Na última semana, Ben aumentou, em média, 29,2 gramas por dia e Max, 22 gramas.

No fim do dia, me dou conta de que eu tinha passado mais de doze horas amamentando e me sinto sufocada. Começo a perguntar nos grupos de WhatsApp se é normal bebês ficarem tanto tempo no peito. Descubro que o mundo se divide entre: mães que acham que o bebê tem que ficar o tempo que quiser no peito, que mamar não só é uma atividade nutricional como também afetiva, de acolhimento; e mães que optam por mamadas efetivas, de quinze a vinte minutos, em que o bebê mama tudo o que precisa num tempo menor e que, se permanece no peito mais do que isso, está "chupetando" ou dormindo, e mais para a frente você vai pagar o preço disso, com bebês viciados em dormir no peito. Sinceramente, acho os dois extremos terríveis e não quero optar por nenhum deles.

2 DE MARÇO

Lu faz um bolo e cantamos parabéns pelo primeiro mesversário dos meninos. Sigo ticando a lista de clichês que jurei não cometer. Hoje também é o primeiro dia de passeio. Eu e Thais levamos os meninos até a praça Buenos Aires, onde caminho por trinta minutos e eles dormem na sombra. No trajeto, tive a sensação de que o carrinho iria virar algumas vezes. A praça está sem bebês, porque resolvemos ir às 13h, com o sol a pino. Uma senhora para e quer saber o nome deles. Ela adora o nome do Maximilian — é possível que eu, ela e os descendentes de Maximilian Hehl sejamos os únicos a gostar desse nome.

3 DE MARÇO

A amamentação faz o meu corpo transpirar muito. Passo os dias seminua, trocando de roupa depois de cada mamada. Tenho dado banho de chuveiro nos meus bebês e tento tomar um pouco de sol pela janela. Bebo litros e litros de água. Minha sensação de isolamento, de estar à margem do mundo, é tão grande que o apartamento às vezes parece uma ilha, flutuando a léguas do continente.

À tarde faço massagem com óleo no corpo de Max e Ben. Não consegui ler o livro com a técnica da shantala, mas resolvo improvisar. Me sento no sofá depois do banho deles e esquento o óleo nas mãos. Massageio o corpo do Max, ele acha estranho no início, depois gosta e aí acha estranho de novo. Quando ponho as mãos no peito do Benjamin, ele olha para a minha cara e sorri. Passo a mão quente pelo seu corpo e ele adora. Sorri e olha para mim sem entender direito o que está acontecendo. Acho bonita essa coisa de que tudo o que você faz e mostra para um bebê é inédito para ele.

4 DE MARÇO

Max acaba de sair do meu peito depois de uma hora sugando. Ben tem uma hora de cólica ininterrupta exatamente no horário em que Thais foi almoçar. Estou desde as oito da manhã emendando mamadas e cólicas, e agora são três e quinze da tarde. Tomei café amamentando, almocei amamentando, escrevi amamentando, paguei duas contas amamentando. Provavelmente não fiz nenhuma dessas coisas direito. Mas a média de aumento de peso de Ben e Max subiu desde que as mamadas passaram a acontecer só no peito.

Luiz tem dormido no quarto dos meninos num colchão ao

pé dos berços para eu poder descansar. Se alguém me dissesse que eu iria ficar um mês dormindo três horas por noite, eu diria que, a essa altura, já teria morrido. Não sei como estou viva, como produzo leite, como minha pele continua bonita e como consigo raciocinar, organizar a casa, pensar no almoço, tomar banho, dar banho, escrever e ter ideias. Às vezes me deito na cama e devoro um pacote de pipoca doce coberta de chocolate que minha mãe traz. Depois lambo os dedos de chocolate derretido e durmo vinte minutos. Acordo e começo tudo de novo. Deve ser muito louco essas mães que têm um filho só. Imagina dar de mamar para um bebê e não ter outro na sequência?

5 DE MARÇO

O útero era um lugar sem luz, sem fome, sem sede, sem dor, sem calor, sem frio, sem medo, e agora o mundo é cheio de coisas que assustam. Benjamin tem tido mais cólica e tem ficado mais no colo. Dulce, nossa mentora do grupo de grávidas, diz que antes dos três meses os bebês não fazem manha, não são capazes de manipular, por isso é preciso dar colo sempre que pedem. Os bebês estão vivendo uma gestação fora do útero e tudo é difícil para eles. A única comunicação que eles têm é o choro, e o colo vem para lembrar o útero. Gosto de dar colo, mas fico apavorada de o Benjamin viciar e nunca mais querer dormir sozinho. E fico mais apavorada ainda de tentar evitar o "vício" e deixá-lo desamparado.

6 DE MARÇO

Luiz passa cantarolando pela cozinha "O ciúme lançou sua flecha preta…". Peço que ele vá além do refrão. Ele canta a música toda e tenho vontade de chorar. Mas não choro.

"Me deu uma saudade…", penso alto, enquanto ele prepara um pão com manteiga na frigideira para a gente.

"Da gravidez?", ele perguntou.

"Não, da vida sem filho, quando a gente ouvia uma música e tinha tempo para pensar sobre ela e podia ir de um lugar para o outro de repente, sem avisar."

7 DE MARÇO

São Paulo entrou novamente na fase vermelha da pandemia, e voltamos a nos trancafiar e a assistir, horrorizados, ao telejornal. Nina, minha amiga que mora em Glasgow, passou muito mal com a primeira dose da AstraZeneca. Minha avó de 95 anos acaba de tomar a segunda dose da CoronaVac. Há muitos meses que meu pai se senta para jantar conosco e diz que a pandemia pode piorar, que as vacinas aprovadas protegem contra formas graves da doença, diminuindo as internações e a mortalidade, mas que ainda não oferecem uma imunidade completa e duradoura às pessoas. Portanto, continuamos sujeitos a reinfecções da mesma cepa e de novas cepas, e dessa forma o vírus pode evoluir nos homens e em animais, desenvolvendo novas mutações e podendo se tornar mais infectante e mortal.

Depois do café, passamos uma hora na sala enquanto os meninos dormem. No caderno de cultura, vejo uma matéria sobre o Reinaldo Moraes e sou inundada por uma saudade da vida mundana: do gole gelado de cerveja num copo americano, de ir para a calçada fumar, de fumar quente e beber gelado. De ir ao banheiro bêbada com uma amiga e olhar no espelho para ver o quanto da bebedeira transparece no olhar. De fazer xixi em pé e ter dificuldade de se equilibrar. De procurar o papel higiênico e não achar. De passar batom. De emprestar batom sem pensar na transmissão de vírus e bactérias. De voltar para a mesa. De contar uma história íntima para um desconhecido. De comer fritura. De comer um pedaço de pizza. De fechar o olho para ouvir música, de ir até o centro do bar e dançar. De dançar de olho fechado como se dançasse no chuveiro sem ter o banho invadido pelo choro dos bebês.

De repente, Luiz diz: "Não é estranho que eles tenham apenas um mês e quatro dias e a gente não consiga mais imaginar nossa vida sem eles?".

8 DE MARÇO

Enquanto fazemos a penúltima mamada do dia, Thais me pergunta se acho que o ano que vem vai ter Carnaval.

"Espero que sim, tô louca pra pular Carnaval de novo", respondo.

Thais conta que, no clube Juventhus, perto de sua casa, tem uma matinê que dá para ir com bebês.

"Quando a pandemia acabar, podemos levar os dois e a sua sobrinha", combino com ela.

Depois fico imaginando a gente no salão, os meninos com um ano de idade, engatinhando sobre a purpurina. Pergunto se é verdade que o *cannoli* do Juventhus é bom mesmo e ela diz que sim. Fico com desejo de *cannoli* e com vontade de escrever um poema sobre bebês e Carnaval.

13 DE MARÇO

Nos últimos dias, Max e Ben têm ficado mais acordados, e tem sido difícil encontrar tempo para qualquer coisa, mesmo com a ajuda da Thais. Eles têm o timing perfeito dos atores britânicos. Quando consigo acalmar um, o outro começa a chorar. Quando ponho um para dormir, o outro acorda. Quando um está com o intestino preso, o outro solta. Tudo o que eu começo a fazer paro no meio: tomo meio banho, passo metade do protetor solar na cara, faço metade dos exercícios para o períneo, mando meias respostas no WhatsApp. Os mais de quarenta dias dormindo três horas e meia por noite estão começando a se acumular numa espécie de melancolia e tédio que carrego comigo. A euforia amorosa e o choro incontrolável dos primeiros dias deram lugar à necessidade de sair e respirar. Meu corpo se acostumou totalmente à privação de sono, a almoçar e jantar comida fria enquanto dois bebês sugam meu peito de forma voraz. Minha coluna passa mais de dez horas por dia torta. Agora consigo a proeza de dar de mamar para os dois ao mesmo tempo. Nos primeiros dias eles não perceberam a presença um do outro, mesmo estando a poucos centímetros. Mas hoje Max abriu os olhos e encarou o Benjamin com cara de "quem é esse cara aí do lado?".

Eu e os meninos já dominamos completamente o uso da sonda durante a mamada.

14 DE MARÇO

Luiz sai para acompanhar uma filmagem de publicidade e eu chamo minha mãe e minhas irmãs para me ajudar. Ben e Max passam metade do dia agoniados com uma cólica terrível. Sou mais uma vez tomada pela culpa. Será que são os doces que estou comendo? Pesquiso sobre a mudança de alimentação na amamentação e não descubro nada muito significativo na internet. Embora eu intua que uma coisa deva afetar a outra, fico feliz de não encontrar nada. Não me sinto capaz de aguentar mais uma privação neste momento.

16 DE MARÇO

Como os bebês estão ganhando peso, deixamos a sonda apenas na mamada da noite. Isso é bom — era o objetivo —, mas faz com que toda aquela dinâmica duramente conquistada mude. Percebo os bebês impacientes depois dos cinco minutos iniciais da mamada, que é quando o peito está mais cheio.

Começo a achar que meu leite não é suficiente para as últimas mamadas do dia, e isso passa a me deprimir. Acho que, quando me deprimo, meu leite de fato começa a diminuir. Aperto tanto os peitos, que os dutos se inflamam. Coloco repolho gelado e bolsa de gelo para diminuir a dor.

De tarde vou na consulta de retorno pós-parto com o dr. W. Me afasto por duas horas e sinto muita culpa. Ao mesmo tempo, me sinto melhor, como se, ficando um pouco longe deles, eu pudesse ter mais amor para dar quando voltar.

17 DE MARÇO

Hoje passei o dia bebendo água de coco, tintura de algodoeiro, feno grego e funcho, coisas que supostamente ajudam a aumentar a produção de leite. Também comi mais do que costumo, fiz canjica e salada de abacate, e tudo o que dizem que ajuda. Passei mais um dia apertando o peito, com vontade de chorar a cada mamada. Minha impressão é que os bebês estão me dizendo: "Para com esse peito e volta com aquela sonda maravilhosa, com todo aquele leite condensado de canudinho".

Me desespero e eles se mostram mais irritados e com mais fome entre as mamadas, e eu fico cada vez mais desolada e com vontade de desistir da amamentação.

De noite, fizemos uma pequena comemoração para minha sobrinha Micaella, que hoje faz doze anos. Arrumei a casa, a decoração da mesa e os aperitivos. Inventei de fazer uma colagem com fotos dela e passei alguns momentos, entre as mamadas, recortando e colando fotos numa cartolina branca. Foi bom fazer alguma coisa que não tivesse a ver com os bebês.

No fim da festa, cantamos parabéns, eu com os dois no peito e todo mundo em volta.

18 DE MARÇO

Saio para andar e encontro uma amiga na praça, que grita de longe:

"O que você tá fazendo na rua com dois recém-nascidos em casa?"

Tenho vontade de responder que estou indo comprar cigarro para nunca mais voltar, mas respondo educadamente:

"Uma mãe precisa respirar."

As pessoas não fazem por mal, mas, a cada duas frases dirigidas a uma mãe recente, três delas contêm julgamento. Já para o pai, os louros, charutos e a glória eterna: "Mira boa, hein? Dois logo de uma vez".

Depois de alguns dias muito encanada com a ideia de que eu estaria produzindo pouco leite, resolvo consultar uma nova profissional. A nova consultora vem no fim do dia. Minha amiga Tainá tinha vindo me visitar para conversarmos sobre um projeto de teatro. No meio disso, a consultora chega. Fabíola se senta calmamente no chão em frente ao sofá onde estou e pede permissão para pegar no meu peito. Ela aperta meu mamilo e o leite espirra dois metros longe.

"Se você não tem leite, não sei quem tem."

Depois ela me ajuda a encaixar o Ben e o Max nos meus peitos, ajusta a pega deles e eles mamam felizes.

"Você tem leite", ela repete, e eu choro aliviada.

Tainá assiste à cena, Thais também. Fico constrangida, mas não consigo me conter. Em questão de minutos, minha ficha cai.

Flashes da balança, da lata de complemento me olhando na pia da cozinha, flashes do peito murcho às cinco da tarde, do gosto amargo do feno grego, da água pelando do chuveiro que deixo bater no peito, embora o dia esteja beirando os quarenta graus. Todo o pânico de não ter leite e a certeza de que meu peito não dá conta dos meus filhos não passam de uma ficção inventada e vendida para que nós, mães, desesperadas, compremos obedientemente a ideia de que o mais seguro é enfiar uma mamadeira goela abaixo dos bebês só para garantir que eles comeram o suficiente. E depois outra e mais outra, até que eles mesmos peçam por essa mamadeira e o desmame aconteça e deixe as mães se sentindo derrotadas. Então elas voltam seus seios cheios de leite para dentro do sutiã, pensando: "Ah, tudo bem, a fórmula é ótima, é melhor assim".

Em questão de segundos, enquanto os meninos devoram meu peito, entendo que a função do mundo é fazer a mulher desacreditar de si mesma.

"Às vezes vou à casa das mulheres só pra elas entenderem que têm leite. Quando a mulher entende isso, ela produz mais leite ainda", Fabíola conta.

Sorrio para a consultora, enquanto meu peito jorra como uma fonte de praça francesa em férias de verão.

19 DE MARÇO

Leio um artigo do Bernardo Carvalho que menciona uma entrevista do diretor de teatro britânico Peter Brook. Aos 95 anos, ele lembra das pessoas que passavam a noite trancadas nos teatros, quando chegavam os avisos de bomba. Já que ninguém podia sair, viravam a noite improvisando e cantando. Imediatamente, sou transportada para o ano 2000. Eu estava em Paris, usava um sobretudo violeta-claro que havia comprado numa promoção e um coturno roxo-escuro que estava na moda. Na noite anterior, eu tinha ido ao Buffet du Nord e visto uma peça dirigida pelo Peter Brook, e tudo o que eu queria naquele momento, além de me empanturrar de crepe de Nutella e vinho barato, era trabalhar com o Peter Brook.

Eu e minha amiga Julia estávamos sentadas num café em Saint Germain e eu lia alto para ela uma carta que tinha escrito para o Peter Brook, que começava com "I am a twenty years old Brazilian actress" e terminava com a seguinte frase: "Posso varrer o palco, se for preciso, apenas me chame para trabalhar que eu vou".

Na mesa ao lado, um francês de vinte e poucos anos e bochecha rosada me escutou lendo a carta e puxou conversa. Falamos do Peter Brook e do quanto estávamos apaixonadas pelos filmes do Jim Jarmusch. A cada dia, Julia e eu íamos a um cinema diferente em Paris ver um filme da mostra que estava acontecendo na cidade. O rapaz ficou me olhando por um tempo, enquanto eu fumava e tomava café (para mim era o auge da vida fumar e beber café em Paris num sobretudo roxo), depois pagou sua conta e foi embora. Horas mais tarde, quando estávamos saindo da sessão de *Dawn by Law* (Daunbailó), o francês da bochecha rosada estava na porta me esperando com um presente: um livro do Peter Brook chamado *Le Diable c'est l'ennui*. Fiquei encantada e convidei ele para sair com a gente.

Me lembro que ficamos juntos por alguns dias, e tenho a sensação de que em algum momento eu o dispensei de forma indelicada. Não lembro o nome dele.

Ler o artigo do Bernardo Carvalho no jornal hoje me encheu de melancolia. Como eu era jovem, inconsequente e totalmente profunda e fútil ao mesmo tempo... Fico pensando nesse rapaz que agora deve ser um homem com pouco cabelo. Por onde anda? Casou? Tem filhos? Queria agradecer o livro e o fato de ele ter descoberto que filme iríamos ver naquela noite. Queria dizer o quanto ele foi corajoso e pedir desculpa por qualquer deselegância. Queria perguntar se ele sabe onde o Peter Brook mora e comentar com ele a loucura que é pensar em Peter Brook preso há dois anos em quarentena, e nós também.

Peter Brook nunca respondeu minha carta. O porteiro do teatro disse que ele recebia muitas por dia. Mas tenho certeza de que ele ficaria satisfeito em saber que sigo atriz e vivo disso. Se eu fosse escrever uma nova carta para ele, começaria com "I am a forty years old Brazilian artist and mother of twins".

20 DE MARÇO

Passo mais de onze horas por dia com dois bebês no peito, e todas as vértebras do meu corpo pedem arrego. Os bicos do peito às vezes parecem estar em carne viva. Amamentar não é nada do que imaginei, é uma selvageria.

Embora os bebês tenham a mesma carga genética, são dois seres completamente distintos, e isso ficou descarado no jeito de cada um mamar. Ben parece um ogro: devora o peito com barulho e mordidas, como se o mundo fosse acabar em três minutos, a cabeça se debatendo, as mãos agarrando o peito, meu cabelo, a alça do sutiã. Já Max tem a pega elegante, faz um bico e suga com calma. Às vezes chora sentido quando o leite não vem na rapidez que gostaria.

23 DE MARÇO

A hora da bruxa começa por volta das sete da noite e vai, com sorte, até as dez. Com menos sorte, até as duas da manhã. Com dois bebês em casa, a hora da bruxa vira a noite do terror do Playcenter. Às vezes ficamos totalmente sem intervalo e sem respiro por horas a fio. É difícil admitir que preciso de um tempo sem meus filhos e que quando não consigo essa pausa, fico sufocada e mal-humorada ao extremo.

24 DE MARÇO

Às vezes penso que, se não nos cuidarmos, eu e Luiz podemos nos separar. Estamos exaustos. Minha vida se resume às mamadas e no restante do tempo me revezo com a Thais em banhos, arrotos, trocas de fralda, ninadas e colo. Tento trabalhar nos intervalos, tento dormir ou telefonar para alguém. Luiz passa o dia fora e volta para me ajudar na mamada das seis da tarde. Geralmente ele chega agitado, no meio de uma reunião on-line, o que deixa a mamada mais dispersa. Quando acaba, estamos os dois loucos para ver uma série ou tomar um banho, ou olhar qualquer coisa no celular. Mas aí começam as cólicas. Quando os meninos dão uma trégua, tento ter um momento nosso, mas quase sempre brigamos, porque o Luiz está cada vez mais adicto ao celular. Ele diz estar fazendo algo importante, mas muitas vezes é só um meme idiota que não acho graça. De noite dormimos separados, porque ele fica com os bebês. Quando conseguimos estar por mais de meia hora na mesma cama, nos agarramos e nos cheiramos, na tentativa de compensar as horas distantes, mas acabamos caindo no sono. Às vezes eu suspiro, sonhando com uma noite inteira na cama. Um sonho distante. Ir à Lua parece mais possível que uma noite inteira de sono.

25 DE MARÇO

Hoje foi a estreia do *5x comédia*, e adorei ver meu barrigão no streaming. Vários amigos me ligaram às gargalhadas depois de assistir a mim e ao Luiz brigando na TV.

29 DE MARÇO

Hoje peguei a chupeta para colocar na boca do Benjamin e acabei colocando na minha própria boca. Demorei uns dez segundos para perceber.

30 DE MARÇO

Na consulta, peço que a pediatra me ajude a tirar uma das mamadas do dia. Preciso de um descanso, mas tenho medo que na troca pela mamadeira eles larguem meu peito. É como se aquele pequeno objeto de plástico fosse meu pior inimigo.

O Luiz faz uma intervenção meio esquisita na conversa: "Pois é, a Martha tem essa questão de insistir em dar o peito".

Fico furiosa, mas me controlo para não engatarmos uma DR na frente da pediatra. Ela me ouve e diz que mamadas de duas horas são insanas; ela prefere que eu dê mamadas mais curtas, em vez de abdicar de uma das mamadas do dia.

"Todo o aporte calórico que eles precisam absorver está nos primeiros vinte minutos de sucção, no máximo meia hora."

"Tem certeza? Sempre acho que eles estão com fome."

"Toda mãe acha", ela responde.

1º DE ABRIL

Adoro a Páscoa, a ideia do renascimento, a caça aos ovos, o chocolate derretido nas mãos. Hoje é o segundo dia inteiro de mamadas mais curtas e Benjamin está há cinco dias sem fazer cocô.

2 DE ABRIL

É Sexta-Feira Santa, vamos levar Benjamin e Maximilian para conhecer a bisavó. Letícia e Vítor vão conosco. Achei que fosse encontrá-la mal-humorada, mas ela logo abre um sorriso e diz:

"Quero conhecer eles."

Levo um de cada vez até ela; minha avó põe a mão na cabecinha e sorri. "Que bonitinho…"

Explico que o nome Maximilian é em homenagem ao avô dela.

"O Hehl?", ela pergunta.

"Sim."

Depois encosto a boquinha do Max na bochecha dela e simulo o som de um beijinho.

Ela adora. "Que gostoso esse beijinho!"

Faço a mesma cena com o Ben e ela descobre o truque.

"Ah, é você quem está fazendo o barulho do beijo…"

6 DE ABRIL

Hoje Cacilda Becker faria cem anos. Por muito tempo fui aficionada por sua figura, por seus cigarros e pela ideia de que ela teria morrido em cena, esperando Godot. Depois descobri que, na verdade, ela passou mal no intervalo da peça. Nunca atuei numa peça com intervalo. Sonho em pisar no palco do Teatro Municipal e fazer uma peça com intervalo. Seria mais fácil se eu fosse cantora de ópera. Ainda assim, quem sabe? Queria ter visto Cacilda Becker em cena.

7 DE ABRIL

Jamais esquecerei a cara de dor que Benjamin fez quando a agulha da vacina perfurou sua coxa. Ele estava no meu peito, porque a recomendação foi dar a vacina amamentando. Eu já estava pronta para receber uma mordida quando a dor dele viesse, mas a dor que ele sentiu foi tão aguda que seu corpo inteiro se contraiu e, em vez de me morder, ele soltou o mamilo. Passaram o dia amuados, ele e Maximilian. Então decretei uma tarde de colo, me joguei no sofá com todas as almofadas e cobertores da casa, chocolate, água, coloquei um filme meio ruim e encaixei os dois no meu corpo. Por duas horas, fui uma das mulheres mais felizes que já pisou na face da Terra.

8 DE ABRIL

São seis da manhã e Benjamin mama sem parar. O leite volta e mesmo assim ele não quer parar. Então eu cantarolo:

"*Não se afobe, não, que nada é pra já…* Qual é mesmo o nome dessa música?", pergunto ao Luiz.

"Futuros amantes", ele responde.

Ponho a música para tocar no celular e canto enquanto os dois mamam e Luiz ronca no pequeno colchão que ele pegou do quarto do Vítor. Visualizo nossa civilização fantasma inteiramente submersa e me dou conta de que o futuro apocalíptico das músicas e dos filmes se tornou realidade com a pandemia. Nosso mundo acabou e nós continuamos. Então penso nos futuros amores que meus filhos terão. Eu serei o primeiro deles e depois terei que aceitar os outros que virão. E choro. Olho para o Luiz roncando no colchão e sinto saudade de sair com ele para andar numa cidade sem máscaras.

13 DE ABRIL

Ontem foi aniversário do Luiz e me desmembrei em vinte mulheres para: organizar um café da manhã com os filhos, um jantar com minha família, comprar presentes pela internet e fazer uma homenagem em vídeo com depoimentos, fotos e músicas que, só de lembrar, fico emocionada. Foi difícil organizar tudo entre as mamadas. ("Entre mamadas", aliás, daria um bom título.) Luiz não deu muita bola nem para o vídeo nem para os presentes. Na verdade, acho que ele ficou mexido com os depoimentos, e isso acabou deixando ele mais melancólico do que feliz. Mas é frustrante organizar surpresas para quem não liga para isso. Eu já deveria ter aprendido a lição no aniversário passado. Faço a seguinte nota mental: não me esforçar demais nos próximos aniversários do Luiz.

18 DE ABRIL

Convido a Juliana, ex-mulher do Luiz, seu namorado Pelon e as crianças para almoçar em casa. Fico nervosa antes de eles chegarem e programo o almoço em etapas, para conseguir cozinhar e ir dando as mamadas. Tomo cuidado de pôr apenas as minhas louças na mesa, para que ela não se sinta desconfortável ao ver as louças antigas dela, que acabaram ficando com o Luiz na divisão de bens, depois de vinte anos de casamento.

Assim que Juliana entra em casa, lança uma exclamação ao ver a mesa: "Nossa, a mesa!". Depois reconhece seu antigo aparador, um sofá e assim por diante.

"Tá encontrando suas coisas?", pergunto, sem graça.

"É…", ela diz, olhando em 360 graus.

Rimos. Abrimos um vinho, e ela e o Pelon pegam os meninos no colo enquanto eu faço o risoto. Vítor e Letícia parecem felizes. Conversamos sobre tudo e acho Juliana inteligente, amorosa e brava. Como também sou uma mulher brava, reconheço outra de longe. Mas a braveza dela é diferente da minha.

No fim do almoço, ela diz: "Você sabe que esta cena que estamos vivendo não é muito comum, né? Você é artista, tem a cabeça aberta, mas isto aqui não é comum".

"Eu sei", respondo. "Depois que meus pais se separaram, eles não podiam ficar no mesmo ambiente. Eu nunca sabia quem convidar para um aniversário, uma estreia. Não desejo isso para ninguém; quero que o Vítor e a Letícia possam lembrar dos pais juntos, mesmo depois de separados."

Tomamos o sorvete que ela trouxe e dou de mamar com todos na sala. Minha mãe aparece no fim do almoço, curiosa. Foi um dia bom.

20 DE ABRIL

De vez em quando eu tinha medo de morrer. Quando engravidei, passei a ter pensamentos trágicos que não me atrevo a registrar aqui. Quando meus filhos nasceram, comecei a ter medo de eles morrerem engasgados ou de caírem do trocador. Um dia me dei conta de que eles não vão morrer, vão viver e ser felizes e que vamos dançar juntos na sala de casa e que, mais para a frente, eles vão passar cola na escola e, às vezes, acordar de ressaca e se alimentar de miojo com manteiga no primeiro apartamento que vão dividir e que vai ser perto aqui de casa. Quando finalmente me convenci de que eu não precisava ter medo de perdê-los, e isso me deu muito trabalho, minha mente me passou uma rasteira e transferiu todo o medo para uma nova modalidade: passei a ter medo de o Luiz morrer. Nas últimas 72 horas, me peguei chorando pelos cantos com a ideia de me tornar viúva.

De noite, pergunto para o Luiz se envelheceremos juntos, como os pais dele. Ele diz que sim, mas se irrita com meu tom.

22 DE ABRIL

Acordo muito cansada. A cada dia o cansaço dos últimos meses fica mais evidente. É como se um copo estivesse cheio e cada gota a mais nele o deixasse muito perto de transbordar. Dá para contar nos dedos as noites que consegui dormir cinco horas seguidas, o que para mães no puerpério é quase um milagre, mas que para mim ainda é pouco. Às vezes sinto que amamentar é uma espécie de prisão. Quero dar o peito, amo dar o peito, tenho certeza de que amamentar é o melhor dos mundos para todos os envolvidos. Eu me arrebentaria de dor se eles desmamassem antes da hora, mas ao mesmo tempo estou tomada por uma exaustão tão profunda que amamentar quase perde o sentido.

25 DE ABRIL

Maximilian adora ouvir músicas mansinhas, com o tom suave e profundo de João Gilberto, Maria Luiza Jobim e algumas canções de Frank Sinatra. Quando quero aplacar sua angústia, canto para ele "Cordeiro de Nanã". Já Benjamin se acende de alegria se eu interpreto Roberto Carlos. Ele gosta muito quando sussurro em seu ouvido *Amanhã de manhã, vou pedir o café pra nós dois*... E, se ele chora na mamada, eu o acalmo cantando Sarajane: *Vamos abrir a roda, enlarguecer*... e "Trem das sete", de Raul Seixas, que, embora pareçam não combinar com a situação, funcionam muito bem. Maria Bethânia é unanimidade para os dois.

Já eu choro com "Autoacalanto", a música que Caetano fez para seu neto Benjamin, mas me sinto culpada quando a canto para o meu Ben. Fico imaginando que Max está chateado por não ter uma música com o nome dele. Então acabei adaptando *Gosto muito de você, leãozinho*... para *Gosto muito de você, Maximilian*... Mas isso não me satisfaz e esboço um e-mail imaginário para Caetano Veloso em que peço encarecidamente que ele faça uma música para o Maximilian, o gêmeo de Benjamin.

As músicas dizem muito sobre a personalidade de cada bebê. Max é mais para dentro e Ben mais para fora. Max mais calculado, Ben mais impulsivo. Max sorri pouco, mas, quando algo desperta seu humor, gargalha como se o mundo gargalhasse junto, numa onda de alegria contagiante. Já Benjamin sorri fácil, sorri para a vida, sorri com os olhos e com as covinhas, como se não precisasse de grandes razões, como se viver já fosse motivo suficiente para me oferecer um sorriso. E às vezes os dois trocam de personalidade, só para esvaziar minhas poucas e pequenas certezas.

27 DE ABRIL

Uma das primeiras peças que fiz foi *A casa de Bernarda Alba*, de García Lorca. Ficamos em cartaz por meses na Casa do Eletricista, dentro da Casa das Caldeiras, na avenida Francisco Matarazzo. Eu fazia Martírio, uma das filhas de Bernarda, e, como o próprio nome anuncia, a personagem se martirizava o tempo todo. Eu amava Martírio, passei meses de mãos dadas com ela, com suas frases na cabeça. Lembro que um dia comentei com alguém: "Eu nunca mais vou esquecer as falas da Martírio, nunca". Eu já me imaginava mais velha, citando num programa de TV as falas da peça que eu tinha feito na juventude. Depois que a peça acabou, passei meses revisitando o texto da personagem, até que um dia percebi, a contragosto, que não lembrava mais dele. Nos primeiros dias de maternidade, jurei que me lembraria de cada frame dos meus dias de puerpério, mas, passados três meses, me dou conta de que muita coisa se apagou. Não vou conseguir ser a enciclopédia de acontecimentos que eu gostaria de ser. Coisas importantes também serão esquecidas, como as falas de Martírio.

2 DE MAIO

Hoje faz três meses que Max e Ben nasceram, e eles parecem entender tudo. Desenvolveram muito a visão e o tato. Outro dia, Maximilian agarrou uma colher e enfiou na boca, como se soubesse o que estava fazendo. Fiquei emocionada e tirei fotos dele com a colher, fotos que fora do contexto são apenas o retrato de um bebê com uma colher na mão, mas que, para quem sabe, é o registro da primeira vez que o bebê agarra um objeto que ele escolheu agarrar.

Em algumas mamadas, eles param tudo e riem para mim. Nem posso ficar brava, porque o sorriso é tão lindo que derrete qualquer aborrecimento. Dou entrevistas para o Dia das Mães e acho engraçado ter entrado para um time, para um clube, ao qual eu não pertencia. Me sinto retroativamente excluída da patota à qual agora pertenço.

4 DE MAIO

Em sua coluna semanal de ontem, na *Folha de S.Paulo*, a psicanalista Vera Iaconelli escreveu sobre o persistente tabu entre gestação e sexualidade. Quando vi que ela citou meu trabalho em *5x comédia* para falar sobre o incômodo que a figura da grávida sexy provoca, fui tomada por uma alegria imensa. Na série, Cláudia, minha personagem, está grávida de seis meses e quebrada financeiramente. Ela resolve fazer sexo on-line para pagar as contas, seja dançando, seja realizando fantasias sexuais. Vera escreveu: "Um detalhe é digno de nota: a personagem nunca se desculpa pelo trabalho que realiza". Fiquei emocionada, porque se eu, Martha, acabasse fazendo um trabalho parecido com o de Cláudia, certamente passaria metade do meu tempo me justificando com Deus e o mundo. Mas no roteiro fiz questão que minha personagem não se desculpasse por nada. Às vezes a ficção também serve para forjar uma realidade melhor que a nossa. Fiquei com vontade de fotografar e enquadrar o último parágrafo do texto da Vera Iaconelli: "Lutemos para que Max e Ben possam fazer parte de um mundo no qual mulheres não continuem a se penalizar nem sejam impedidas de viver sua sexualidade por serem mães. Nenhum filho merece carregar o fardo de ter — supostamente — tolhido a vida de uma mulher, principalmente a da própria mãe".

6 DE MAIO

Hoje eu e Benjamin tivemos nossa primeira briga. Ele está com essa mania de querer passar o tempo todo no colo, ao embalo da bola de pilates. Passo cinco minutos na bola e o resto do dia mareada, como se tivesse andado de barco. Hoje no choro da noite eu disse: "Eu não vou para a bola de pilates, Benjamin. Vai ser colo sem bola e pronto". Ele ficou bravo.

10 DE MAIO

Ontem foi o dia mais cansativo da minha vida. Em 2014 fiz um filme na Rússia em que a última diária foi em São Petersburgo. Dali, pegamos um trem noturno para Moscou, chegamos às seis da manhã, filmamos na cidade o dia todo e em seguida fomos direto para o aeroporto esperar nosso voo para São Paulo, com conexão na Espanha. Essa sempre foi minha referência de dia mais cansativo da minha vida, até ontem ter superado esse recorde.

Acordei feliz com presentes e mimos do Dia das Mães, mas não consegui aproveitar nada direito, porque os meninos estavam num dia de mamadas ruins, choravam e se debatiam contra meu peito o tempo todo. Depois começou toda a operação de tomar banho, dar banho nos meninos, arrumá-los, preparar os aperitivos que levaríamos para o almoço e toda a tralha que se leva quando se sai de casa com dois bebês de três meses. No meio de tudo isso, Izzy, nossa gata, resolveu vomitar e fazer cocô pela casa, nos obrigando a desviar de uma merda enquanto limpávamos a outra. Para completar, claro, os meninos também resolveram fazer cocô quando já estavam vestidos com a roupa bonita de Dia das Mães. Depois do almoço e de todas as funções de fim do dia, eu e Luiz nos deitamos no tapete da sala em posição fetal por dez minutos, enquanto Ben e Max choravam na cadeirinha, mas nós não tínhamos forças para acudi-los.

15 DE MAIO

Passei o fim da tarde no sofá da sala, amamentando e assistindo na televisão ao filme *Call Me by Your Name*. Benjamin estava vestido com um macacão com motivos de safári e mamava forte, mas sem me machucar. Ele ali tão lindo no meu peito, com seu cabelinho bagunçado, e na tela uma cena linda do personagem ao piano. A beleza da ficção e a da vida acontecendo ao mesmo tempo me comoveram e elevaram meu estado de espírito para um lugar entre as antenas do prédio e as nuvens mais baixas.

16 DE MAIO

Após três meses e meio do parto, acordo menstruada pela primeira vez. Fico ali perdida, sentada na privada com o papel higiênico pintado de vermelho nas mãos, meio feliz por meu corpo estar voltando ao que era, meio triste por estar cada vez mais longe da gravidez. Lentamente o puerpério vai saindo de mim. Vem também a culpa por ter diminuído o número de mamadas. Será que foi isso que fez a menstruação voltar? Sei de mulheres que voltam a menstruar antes disso, mesmo amamentando em livre demanda. Não sei por que, mas me dói voltar a menstruar. Os meninos conquistaram alguma independência, já dormem sozinhos, fico exultante e ao mesmo tempo arrasada. Choro o dia todo. O tempo passa rápido, não importa a quantidade de fotos que eu tire, de vídeos que eu faça, de notas mentais pregadas por todo lado. Não consigo reter o tempo, os meninos crescem, não param de crescer. Em breve estarão andando, falando, comendo, dançando, roubando meu estoque de pipocas de chocolate. Não sei o que fazer, meu corpo dói precocemente com a distância que um dia vai nos separar. Choro escondida de vergonha o dia todo, me esquivando do Luiz, da Letícia e do Vítor, que vieram passar o fim de semana conosco. Não aguento mais ser vista chorando, não aguento mais chorar, não me aguento mais.

De noite Luiz me pega aos prantos. Explico minha dor e ele diz: "Meu amor, são seus filhos, são seus para sempre".

20 DE MAIO

A revista *TPM* me chamou para gravar um podcast sobre viagens e achei que seria bom aceitar esse primeiro trabalho. Minha reserva financeira está acabando e preciso começar a fazer outras coisas além de me dedicar à maternidade.

A primeira parte do trabalho era uma conversa com o empresário e ativista Celso Athaide e com a escritora Joyce Berth. Foi desesperador. A gravação era às cinco da tarde, justo na hora da mamada, mas, como eu vinha organizando os horários de um jeito novo, achei que daria certo. Só que os bebês choraram o tempo todo. Fiquei apreensiva de o barulho vazar na gravação e tive dificuldade de me concentrar ouvindo os berros que vinham da sala. Senti culpa de trabalhar enquanto meus filhos "passavam fome". Como não durmo direito há meses, me achei um pouco burra, por mais que eu tivesse me preparado e estudado tudo a respeito da vida dos meus dois entrevistados. Comecei a ter taquicardia e fiquei paralisada, suando frio, o suor escorrendo entre os seios, os seios se enchendo de leite. E eu não podia simplesmente sair dali. Então fiquei e fiz o que faço quando acho que estou perdida no meio de uma cena: foquei no outro. Procurei direcionar a conversa, dar ritmo a ela, colaborar, ser respeitosa e espontânea. Tentei fazer o que devia ser feito, mesmo com a mente embotada pelo medo de errar e pelo choro dos bebês. Eu só queria que tudo acabasse e desse certo no fim.

22 DE MAIO

Moro ao lado de uma igreja cujo sino toca duas vezes ao dia: às 12h e às 18h. Quando o sacristão está apressado ou atrasado, pode ser que o sino toque às 12h02 e às 17h57. Meus bebês ouvem esse sino desde a barriga, por isso nunca se assustam. O campanário fica exatamente na altura das janelas do meu apartamento, então é como se o sino soasse dentro da sala. E toda vez que ele toca, somos obrigados a parar o que estamos fazendo: a vida entra em suspensão, a casa respira por alguns instantes, como se o sino fosse uma espécie de afinador de humores. Sua vibração percorre a casa inteira, ajustando relógios, fígados e corações. O sino é o nosso passe espiritual diário.

24 DE MAIO

Tento escrever o poema sobre bebês e Carnaval. Não gosto do resultado, mas não apago, na esperança de que ele melhore no futuro.

Em tarde de matinê
o tecido mais macio do mundo
é a pele do bebê

a mãe
fantasiada de Cleópatra
os bebês, Aladim

A rainha do Egito sacode
seu shake de leite — purpurina
enquanto os bebês rodopiam no seu colo

O futuro é lírico
distópico
depois da guerra dos mundos
do jogo dos tronos
passadas as dez pragas e pandemias
depois das séries apocalípticas maratonadas no sofá,
uma vez ao ano
os homens cessam fogo
para os dias de folia

a mãe comprou plumas, confete e uma cartela de paracetamol
mamãe eu quero
mamãe eu quero
mamãe eu quero
mamar
os bebês gargalham até mostrar o céu da boca

dá a chupeta pro bebê não chorar

quando o salão esvazia
ela se senta na cadeira de plástico

e suas coxas grudam no resto de cerveja
ela suspira
há horas o xixi ficou preso no collant

os cílios postiços despencam das pálpebras
enquanto os bebês mamam apaixonados

ah, o carnaval

A última rainha do Egito olha para o salão
e vê sua pulseira de cobra pisada pelos foliões

Deixa, ela diz

28 DE MAIO

Crianças francesas não fazem manha é o livro que tenho lido quando consigo me concentrar. Fala muito da creche francesa e de como, ao contrário das creches nos Estados Unidos, é uma instituição concorrida e valorizada, onde é difícil conseguir vaga. Fico alguns dias com o livro na cabeça, pesquisando na internet. Claro que estou fascinada com ele, frequentei uma dessas creches quando meu pai foi fazer uma especialização em Paris nos anos 1980 e levou a família toda junto. Cheguei lá com um ano e voltei ao Brasil prestes a completar cinco, mas as lembranças não são as melhores. Tenho na memória a imagem de um pátio velho com gelo sujo em volta das árvores e um refeitório gigante cheio de crianças batendo garfos e gritando "*Concombre*". Eu tinha uma amiga chamada Lidiá que usava um casaco de frio pink. Eu amava a Lidiá, amo até hoje, por ela ter sido a minha primeira amiga. Sinto nunca mais tê-la visto. Lembro também da sala aquecida cheia de brinquedos em contraponto ao pátio gelado. Dentro da sala, a lembrança do dia em que a professora me bateu por eu não ter arrumado os brinquedos direito. Até hoje me esforço para arrumar minhas coisas e agora as dos meus filhos.

29 DE MAIO

Uma frase que faço questão de sublinhar do best-seller francês: "Nós estávamos cansados demais para perceber que estávamos brigando porque estávamos cansados demais".

Mando para o Luiz.

31 DE MAIO

Preciso reler um texto escrito por Pagú na prisão, em 1939, para inscrever o projeto no edital. Esse texto chegou às minhas mãos por acaso, anos atrás, no dia 10 de maio de 2018. Sei com precisão a data porque encontrei uma foto dessa noite no meu celular. Eu tinha acabado de me separar do meu segundo marido e fui caminhando sozinha até o Bar Balcão; era um domingo à noite. Lá, conheci um cara chamado Rafael, um colecionador. Ele passou um tempo me olhando e depois de alguns minutos me disse:

"Você tem os olhos da Pagú. Eu estou há anos procurando uma Pagú, tenho uma coisa pra você."

Aí ele me contou que há mais de vinte anos havia comprado parte do acervo dela e que, junto, veio um texto, de 1939, escrito na casa de detenção. Rafael disse que sempre viu esse texto no teatro e que achava que eu poderia fazê-lo. Fiquei olhando para ele e pensando se não seria uma pegadinha — de altíssimo nível, claro.

"Você tá falando sério?", perguntei.

"Sério", ele respondeu com um sorriso malandro, de quem sabe exatamente o que está provocando na outra pessoa.

Ele sabia que estava jogando uma bomba no meu colo, embora tenha falado com a casualidade de quem te oferece um Halls. Ele sabia que o que estava me oferecendo tinha um valor enorme para mim.

Sempre tive uma espécie de deslumbramento com a Pagú, aquela boca roxa, a mulher de pseudônimos, os desenhos quase infantis, a história dela com Oswald e Tarsila, a Carla Camurati no filme, tudo o que eu sabia que não passava de uma sucessão de clichês. Ainda assim, alguém me dizer que eu poderia fazer a Pagú no teatro, isso foi como sentar na mesa da taróloga e ela tirar a carta mais importante do baralho: A Imperatriz, O Mago, O Louco.

Um tempo depois, Antonio Martinelli, um amigo que trabalha no Sesc, me ligou perguntando se eu não queria fazer a Pagú numa performance nos jardins do Museu do Ipiranga no dia 7 de setembro. Comecei a rir no telefone e achar que, de alguma forma, o mundo estava tentando me mostrar alguma coisa.

Então fui até a casa do Rafael atrás do texto, me sentindo portadora de um bilhete premiado que os deuses do teatro e da poesia haviam, juntos, decidido me dar. O manuscrito estava enquadrado. Vi a capa com o título *Até onde chega a sonda* e a assinatura dela com acento no U. (Por muitos anos vi "Pagú" ser grafada com e sem acento, mas desde então passei a escrever seu nome com acento, como está em seu manuscrito.) Rafael me deu a cópia de uma transcrição do manuscrito, abriu na última página e me mostrou uma lista intitulada "Coisas para o ninho" que

Pagú tinha escrito. Pijamas, lençóis, itens para casa. Depois apontou para a última linha da lista: "Carvões acesos, permanecendo".

"Adoro este fim", disse Rafael.

Voltei para casa, li o texto e achei que seria a coisa mais difícil do mundo levá-lo ao teatro. Havia trechos bonitos, mas era denso, repetitivo e, muitas vezes, incompreensível. Claro, Pagú não havia trabalhado o texto para torná-lo público. Era um primeiro rascunho, na minha opinião. Por muito tempo, fiquei tentando encontrar um formato para o espetáculo, mostrei o texto a diretores e dramaturgos e nunca achei quem quisesse fazê-lo comigo. Mas, nesse meu puerpério, decidi fazê-lo, de um jeito ou de outro.

Uma frase do manuscrito de Pagú que me chama mais a atenção: "Não posso permitir que qualquer coisa chegue. Tenho que ir ao seu encontro". Uma frase que eu poderia ter escrito.

3 DE JUNHO

Viemos para a fazenda da família da minha avó passar o feriado de Corpus Christi. No carro, vim amamentando um bebê de cada vez durante as sete horas e meia de estrada. Fiz uma lista com a Thais de tudo o que deveríamos trazer, com a sensação de estarmos indo para uma ilha deserta onde não sobreviveríamos a qualquer esquecimento. Chegamos no fim do dia à fazenda, que fica no município de Cafelândia, a noroeste de São Paulo. Minha tia Cecília, irmã da minha mãe, conseguiu dois berços emprestados nas fazendas vizinhas e eu os posicionei da mesma forma que estão em São Paulo, para que Max e Ben não estranhem tanto. Na primeira mamada que fiz no terraço, minha família veio correndo observar, todos encantados com os dois bebês mamando ao mesmo tempo. Me senti uma atração turística do Sea World.

4 DE JUNHO

Consegui, entre as mamadas, andar uma hora na esteira enquanto fazia uma reunião com Dani, produtora de teatro, sobre o projeto da Pagú. Foi uma manhã produtiva e isso me fez feliz.

Todos na fazenda querem ficar perto dos meninos. Acho saudável a troca com a família e o afeto que recebem. Eles têm ouvido música, tomado sol na grama e brincado no tapete.

5 DE JUNHO

Nenhum problema dura tempo suficiente a ponto de se tornar inesquecível. Coisas que me assombravam quando os meninos nasceram, como as cólicas, o perigo de viciá-los na bola de pilates, o medo de eles não crescerem, temores como esses passaram e agora foram substituídos por outros. Não sei se é a neblina do puerpério ou o quê, mas eu realmente achava que cada problema que aparecia iria durar para sempre e que eu estaria condenada pela eternidade por cada erro cometido. Mas a cada dia os problemas mudam, e os erros também.

6 DE JUNHO

Ben e Max choram ao mesmo tempo. Saio sozinha para caminhar, atravesso uma estrada, passo no meio dos pastos, ando quilômetros e continuo ouvindo o choro de bebês. Estou exausta.

Toda vez que sento para comer, acabo comendo mais rápido do que deveria. Ou então, quando paro para resolver alguma coisa, a comida esfria. Meus telefonemas são sempre interrompidos. Minha cabeça funciona sem parar pensando nos bebês, na rotina, nas roupinhas, nas vacinas e nos saltos de crescimento. Olho para o Luiz e tenho ódio de como ele consegue se desconectar de tudo e trabalhar. Ou ver o Twitter. Tenho ódio e inveja. E às vezes acho que ele poderia estar mais presente; embora ele seja presente, há coisas que carrego sozinha. Isso me cansa. Tem horas que não faço nada direito. Quero ficar com os meninos, mas estou tão cansada que não consigo estar plenamente com eles. Começo a trabalhar, mas paro a cada cinco minutos e vou ver se eles estão bem. Não faço nada por inteiro, o que me deixa profundamente mal-humorada.

8 DE JUNHO

Sonhei que Benjamin chorava muito e que eu corri até ele. Ele estava longe e, quanto mais eu corria, mais eu demorava para chegar. Quando finalmente me aproximei dele, descobri que não era o Benjamin que chorava, mas era eu, bebê, com a mesma idade que ele tem agora. Me peguei no colo e não sabia o que fazer comigo.

9 DE JUNHO

Estou cansada, estou muito cansada, nunca estive tão cansada... À parte isso, tenho em mim todos os sonhos do mundo.

10 DE JUNHO

Felippo, o namorado da minha mãe, está cada vez pior. Tenho a clara sensação de que ele vai morrer em breve. Insisto com minha mãe e com os filhos dele, Paulo e Gabriel, que ele deveria fazer o tratamento de imunoterapia com meu pai, que cuida de muitos pacientes em condições parecidas com as dele. Há dois anos falo isso para minha mãe, ela sempre achou inconcebível a ideia de o meu pai cuidar do Felippo, mas hoje, pela primeira vez, ela ponderou. Minha mãe me passa uma senha de laboratório e de noite consigo mostrar os exames do Felippo ao meu pai. Ele diz que a imunoterapia pode tirar sua dor e melhorar sua qualidade de vida, mas que o quadro é irreversível. Me pergunto se minha mãe tem noção da gravidade do caso. Ela sabe que ele vai morrer?

11 DE JUNHO

Meu cabelo não para de cair. E, quando espirro ou tusso, faço xixi na calcinha. Minha barriga tem um calombo que não voltou ao normal e sofro de uma dor crônica na lombar, provavelmente ligada à fraqueza muscular da região do períneo. Tenho uma sede insaciável e um ponto de interrogação permanente do que será do meu peito quando eu parar de amamentar. Não durmo há cinco meses, mas as pessoas dizem que nunca estive tão bonita.

14 DE JUNHO

Já é a sexta vez que vou até uma UBS com o atestado do obstetra e a certidão de nascimento dos meninos para tentar me vacinar contra covid. Por ser lactante, eu supostamente teria preferência, mas, para variar, dou com a cara na porta. Os informativos estaduais e municipais divergem e eu não consigo me vacinar. Quero muito imunizar meus filhos através do leite.

15 DE JUNHO

Hoje o Felippo e minha mãe foram à clínica do meu pai tomar soro e conversar sobre a imunoterapia. Por incrível que pareça, todos se entenderam bem, e Felippo ficou feliz de ser tratado pelo meu pai. A vida dá umas voltas loucas.

16 DE JUNHO

Hoje eu e o Luiz assistimos *This Is Us*, uma série linda e melodramática sobre uma família de trigêmeos que sempre nos faz chorar no final de cada episódio. Vemos a cena em que o bebê de Kate, que é cego, engasga com a comidinha. Seu pai fica em pânico e aplica a manobra do desengasgo, a mesma que Manoella, a fotógrafa do meu parto, tentou me ensinar no saguão da maternidade e que eu já estudei algumas vezes, mas não a ponto de entender totalmente o procedimento. Me dá muita aflição assistir ao vídeo da mulher desengasgando a boneca, então sempre paro no meio e nunca sei se aprendi de fato a técnica. Quando o bebê de Kate começa a engasgar, meu coração para. Me contorço no sofá por intermináveis trinta segundos, até o bebê cuspir um pedaço de ovo. Durante o restante do episódio, eu só penso em sair do sofá e ir fumar na janela, enquanto rezo para nunca passar por um engasgo com meus filhos.

20 DE JUNHO

Começo a querer voltar a trabalhar. Além da minha reserva financeira estar acabando, sinto a velha ansiedade da atriz batendo à porta. Faço uma reunião com Carol, minha empresária, e sua assistente, Lais, e as duas me dizem que a nova leva de projetos de streaming está com muita temática jovem. Na prática, isso quer dizer que a maioria dos papéis femininos é para atrizes de vinte e poucos anos e o que sobra são as mães das protagonistas adolescentes. Eu me sinto jovem demais para ser mãe de adolescente, e, claro, sou velha para fazer as adolescentes. Elas tentam me animar, falam de projetos possíveis, mas me deprimo com a reunião.

Comecei a atuar profissionalmente com dezessete anos, quando não havia trabalho. Quase não existia audiovisual nacional, havia apenas uma coisa ou outra. Era 1997, o cinema ainda se recuperava do desmanche ocorrido na era Collor e do fim da Embrafilme, e a retomada era tímida. Existiam alguns filmes e a Rede Globo. Em quase todas as histórias os protagonistas eram homens, e elas eram escritas e dirigidas por homens. As poucas personagens femininas relevantes eram mocinhas impossíveis para o meu tipo físico. Eu me agarrava aos testes de publicidade para aprender a trabalhar com a câmera, inventava curtas-metragens, fazia peças e tentava a todo custo um teste na Globo. Todo mundo tentava um teste na Globo. Resumindo, os primeiros dez anos da minha vida de atriz foram um puta de um perrengue. Depois houve uma retomada forte do cinema e, por conta de uma política de inclusão, a presença das mulheres felizmente aumentou. Desde então o cinema nacional ganhou destaque no mundo, que só foi interrompido há pouco tempo com um novo desmanche promovido pelo governo Bolsonaro e sua tentativa de acabar com a Ancine, a Agência Nacional do Cinema.

Ainda assim, o mercado está muito melhor do que quando eu comecei. E agora, que as mulheres escrevem e dirigem e que os canais de streaming se estabeleceram no Brasil, o que o mercado quer? Séries jovens, moderninhas e um elenco escalado muitas vezes com base no número de seguidores que as atrizes e os atores têm. Puta que pariu, vontade de mandar todo mundo tomar no cu.

24 DE JUNHO

Durante a gravidez, a dra. I., minha ginecologista, me indicou um livro antroposófico do Rudolf Steiner chamado *A força terapêutica das imagens das Madonas*. O livro propõe uma espécie de contemplação meditativa de Madonas criadas por diferentes pintores, e devemos olhar para essas imagens antes de dormir. Eu realmente costumava dormir melhor quando fazia isso, mas um dia comentei com a dra. I. que achava todas aquelas mães renascentistas lindas, porém muito tristes. Ela fez uma cara espantada de quem não achava nada triste o livro. Fiquei com a sensação de que eu não tinha entendido alguma coisa.

Esta noite, vou me deitar e resolvo folhear o livro. Olho cada Madona e me demoro mais na minha predileta, uma escultura de pedra criada por Donatello, em que Nossa Senhora está nariz com nariz com o menino Jesus, num ato íntimo e profundamente terno. E de repente tudo ficou claro para mim: as Madonas não estão tristes, elas estão cansadas.

25 DE JUNHO

Tenho duas ideias geniais por dia. Geralmente sou atingida por esses insights quando estou com um bebê cheio de cocô no trocador e outro no berço chorando porque a chupeta caiu no chão. Daí eu penso que não dá para anotar, mas que vou me lembrar depois, porque é impossível esquecer uma ideia tão genial. Meia hora depois, não lembro de mais nada. De quantas ideias geniais o mundo foi privado porque as mães de bebês não tiveram a oportunidade de anotá-las?

26 DE JUNHO

Minha mãe veio jantar e pergunto se ela está se preparando para a morte do Felippo. Ela diz que sim, e caímos em um longo silêncio.

27 DE JUNHO

Me sinto profundamente entediada com o passar dos dias. Tédio traz melancolia, que às vezes evolui para angústia.

São três da tarde e eu enfim me sento para almoçar. A sala linda e iluminada, que sempre me trouxe alegria, hoje parece grande demais. Tem muita gente em casa, mas me sinto avulsa. Ligo para o Luiz, mas ele está numa reunião. Tenho vontade de chorar, mas decido que desta vez não vou. Mastigo a comida depressa, como se tivesse urgência de chegar em algum lugar.

28 DE JUNHO

Hoje o Felippo morreu. Morreu de mãos dadas com a minha mãe, depois de anos convivendo com um câncer. Dos nove anos que eles namoraram, sete ele lutou contra a doença. Ainda assim, foram felizes e viajaram bastante juntos. Ele foi um grande artista, cabeleireiro, maquiador e antiquário, e sempre foi amigo de toda a minha família. Adoro a história de que foi ele quem penteou minha mãe em seus dois primeiros casamentos, antes de namorá-la.

Horas antes de ele morrer, um vulcão entrou em erupção na Costa Rica. Horas depois, Benjamin e Maximilian comeram sua primeira fruta, meia banda de mamão papaia maduro. E adoraram. A ideia de que a vida não para quando perdemos alguém muito importante é estranha para mim. O mundo deveria ter uma tecla de pausa para nos despedir de alguém. Deveríamos ser capazes de congelar o tempo como congelamos a cena de um filme para ir ao banheiro. Por outro lado, talvez aí esteja a grande sabedoria da natureza: só sobrevivemos ao luto porque precisamos seguir com a vida.

De noite pedimos pizza e meu pai quebrou um prato. Fiquei furiosa, porque ele quebrou o prato e continuou comendo a pizza sem nem pedir desculpas. Tenho muita dificuldade quando quebram minhas coisas, sinto como se estivessem quebrando um pedaço de mim. Sei que existem pessoas que, quando têm suas coisas quebradas, coçam a cabeça e apenas dizem: "Não se preocupe, é só um cinzeiro". Acho bonito esse desprendimento, mas não consigo ser assim. Meus ex-enteados costumavam quebrar meus copos prediletos e eu chorava por dentro enquanto varria os cacos. Tenho de memória um inventário de objetos quebrados: meu ex-marido quebrou um abajur de porcelana chinesa que tinha sido da minha bisavó; meu primeiro gato quebrou um vidro de perfume francês que estava cheio; na semana passada Luiz quebrou uma vela que comprei em Madri e que eu costumava acender para dar banho nos meninos. E também nunca esqueci a taça azul de cristal que eu mesma quebrei na casa da Ana, uma amiga. A taça tinha sido da avó dela. Coisas quebradas são como interrupções inesperadas, finais precoces.

Não consigo esconder o ódio que sinto do meu pai neste momento. O prato quebrado no chão e ele comendo a pizza de quatro queijos. Ele percebe minha fúria e finalmente pede desculpas. Desando a chorar, a chorar de raiva, cansaço e saudades do Felippo. Olho para o meu pai, que em breve fará seus setenta anos e quebra coisas com vitalidade. Penso que um dia ele também vai morrer. Isso me dói.

29 DE JUNHO

Decido levar Benjamin e Maximilian no enterro do Felippo. Todos são contra, porque é o dia mais frio do ano e porque não se leva bebê em cemitério, e eles já estão com coriza, e isso e aquilo etc. Mas sei que a presença dos netos fará minha mãe feliz. No caminho, alguém diz que se o bebê não foi batizado, não pode entrar em velório. Decido ignorar e entro com os dois. Quero que eles prestem homenagem ao Felippo, que não conseguiu conhecê-los pessoalmente.

Os meninos se comportam lindamente durante o ritual e só choram quando um grupo enorme de coveiros, sob uma garoa fina e gelada, baixa o caixão numa vala bem funda que Felippo fazia anos havia comprado no cemitério do Morumbi.

Convido minha mãe para passar uns dias em casa.

1º DE JULHO

Eu e Luiz brigamos cada dia mais. Só penso na frase daquele livro francês: "Nós estávamos cansados demais para perceber que estávamos brigando porque estávamos cansados demais".

Luiz resolve trabalhar em casa para me ajudar nos dias em que a Thais não está vindo por causa de uma conjuntivite, mas se tranca no quarto para suas reuniões. Reclamo, também preciso trabalhar. Embora eu não esteja recebendo salário, preciso trabalhar. O trabalho dele ganha sempre o status de mais óbvio e urgente, e isso me irrita. Embora ele tenha um emprego fixo e eu não, rachamos as contas igualmente. Tenho raiva dele, ele pode ir e vir, ele não dá o peito, ele não é o cheiro que acalma. Ele sai de manhã e volta à noite cheio de novidades. No cabelo, o cheiro da rua e, na barba, o cheiro da gasolina do posto onde ele parou para comprar cigarro e chiclete de menta. Meu nariz é implacável, eu deveria ser perfumista na casa de perfumes mais cara de Paris. E, mesmo que ele chegue exausto, seu cansaço é diferente do meu. Estou começando a me sentir sufocada. Estou apaixonada pelos meus filhos, mas tenho saudade dos meus outros amores: do meu trabalho, do meu namoro, dos meus amigos, da minha oitava taça de espumante da noite, aquela que eu não deveria ter tomado e que me levou às latas de cerveja quente quando todas as outras bebidas da festa já tinham acabado.

Tenho duas pequenas dragas em casa. A pediatra falou para eu dar frutas, mas disse que talvez eles não se abalassem com elas, que talvez nem comessem. Sugeriu que eu não começasse com mamão, que é o campeão de rejeição dos bebês. Mas só tinha mamão em casa e, na primeira colherada, foi amor à primeira vista. Eles não param de comer.

2 DE JULHO

Hoje os meninos fazem cinco meses. Minha mãe dormiu aqui e cantamos parabéns logo cedo com um bolo que a Luciana trouxe, junto com duas camisas de festa junina de presente.

7 DE JULHO

Saio cedo para finalmente tomar a vacina contra covid. Vou até a UBS mais próxima de casa e entro na fila para receber a primeira dose da Pfizer. Em algum momento eu tinha perguntado ao Luiz se não deveríamos procurar a vacina da Janssen, que é dada em dose única e que já deixaria os bebês imunizados de uma vez só. Na minha cabeça, existe o perigo de eles desmamarem a qualquer momento, antes de eu estar completamente imunizada e eles também. Quase na minha vez de tomar a vacina, passo os olhos no celular da moça que está na minha frente na fila e vejo um post dizendo que estavam dando Janssen a três quarteirões daqui.

A moça olha para mim e diz: "Estão dando Janssen aqui do lado!", e sai correndo.

Sem nem pensar, saio atrás dela.

11 DE JULHO

Não consigo parar de pensar em mim bebê.

Olho minhas fotos com cinco meses e me vejo absolutamente idêntica aos meninos, e, apesar de esperado, é estranhíssimo me ver em outra pessoa, ainda mais do sexo oposto. Sempre me falaram que eu era meu pai de saia. Nunca concordei, mas devo ser.

12 DE JULHO

Desde muito jovem eu sinto um incômodo entre os seios. Uma sensação de dor e vazio ao mesmo tempo. Nomeei esse pequeno pedaço de mim, de cerca de dois centímetros, de "buraco". Há mais de vinte anos que eu junto os dedos da mão e aperto aqui entre os seios, tentando aplacar esse buraco. Já fiz de tudo para ele sumir, fui a retiros espirituais, massageei o local, li sobre esse tipo de dor e vazio na região, tentei não pensar. Mas sentia ele o tempo inteiro. Num desses retiros espirituais, me lembro que perguntei pra moça que comandava o retiro, ela era médium, supostamente deveria saber:

"Pelo amor de Deus, moça, quando é que esse buraco vai passar?"

"Talvez nunca", ela respondeu.

Olho para cada um dos meus filhos, abraço os dois e sinto um amor tão desconcertante, que a sensação é de que esse amor vai preenchendo o buraco, como areia derramada ali, aos poucos, em colherinhas de café.

13 DE JULHO

Depois de dias trabalhando, consegui finalmente enviar o projeto sobre a Pagú para um edital de produção teatral. Chamei minha amiga Isabel Teixeira para fazer a dramaturgia comigo e dirigir a peça. E agora os mesmos deuses que me escolheram para fazer o texto ficam encarregados de me ajudar a ganhar o edital. E como me senti vitoriosa por ter conseguido dar conta de tudo neste momento exaustivo da minha vida, resolvo sair para comemorar.

Coloco Max e Ben no carrinho e vou até a praça. Não sei se as outras mães são assim, mas me sinto orgulhosa de desfilar com meus filhos pela rua. O carrinho duplo parece um trenzinho, e eles vão tão lindos olhando as árvores e sorrindo para as pessoas, que me sinto quase numa passarela, exibindo minhas crias e o fato de eu ter sobrevivido até aqui. Engraçado, encontro três ami-

gos diferentes que tinham acabado de finalizar e inscrever projetos no mesmo edital.

A gestão do atual presidente, entre outras barbaridades, in-
vestiu num projeto de clara destruição da arte e cultura, vetando
e engessando com burocracias impossíveis vários editais e projetos de incentivo do governo federal. Os poucos editais que sobra-
ram dos estados e municípios estão muito concorridos. Começo
a achar que talvez a chance de ganhar seja menor do que eu esperava. Depois da caminhada, tomo uma água de coco e compro uma fruteira que eu estava namorando havia meses na loja
da praça. Em casa, eu a recheio com todas as frutas que os meninos vão experimentar nos próximos dias.

14 DE JULHO

Max anda sentido. Às vezes passa o dia parecendo remoer
alguma coisa, enquanto morde as mãos e faz bolhas com a baba.
Outro dia acordou antes da hora, eu o tirei do berço com impaciência, coloquei no carrinho e avisei que não poderia lhe dar
atenção. Ele me olhou com estranheza e eu segui com meu dia.
As horas foram se passando com ele meio chateado, até que abriu
um choro, um urro estendido que durou mais de uma hora. Demorei para entender o que estava acontecendo, até que peguei
Max no colo e pedi desculpas por ter sido grossa com ele mais
cedo. Ele parou de chorar de imediato. Morri de culpa.

Com o passar dos dias, eu o percebi se magoando com outras coisas e então entendi que Max está começando a ver o mundo de forma diferente. Dizem que, quando o bebê nasce, ele
acha que o mundo é uma criação sua, que o mundo responde a
seus comandos. À medida que cresce, vai entendendo que ele
não é o centro do universo, que a mãe não está ali o tempo todo

para ele, que as coisas não obedecem, necessariamente, à sua vontade.

26 DE JULHO

Meu pai e eu vamos à casa onde ele morou por mais de vinte anos com sua ex-mulher e onde eu também morei por dois anos. Fomos lá para fazer a divisão dos móveis. Desde novembro, meu pai vive entre um flat e meu apartamento, e agora conseguimos alugar um apartamento para ele no mesmo prédio da Ines. É constrangedor estar entre ele e minha ex-madrasta, negociando poltronas e desvendando quais objetos vieram de onde. À medida que ando pela casa, vou sendo invadida por uma tristeza sem fim. Tirar uma parte dos móveis de lá é triste para quem fica — no caso, ela. Ao mesmo tempo, seria injusto que agora, com setenta anos, ele fosse morar num apartamento vazio, sendo que metade de tudo o que ele possui está na casa dele e é parte do seu patrimônio. A verdade é que presenciar o fim de uma história de amor e ajudar na separação dos bens é tristíssimo. Não sei como minha mãe e minha irmã, advogadas, aguentam conviver com famílias despedaçadas no trabalho. Até hoje penso em coisas que me arrependi de ter deixado na casa dos meus ex.

No começo da noite, sou derrubada por uma gripe possivelmente causada por um fim de semana exaustivo e por esta manhã de segunda-feira emocionalmente intensa. Minha mãe passou em casa para me ver, e meu pai estava conosco. Em algum momento, eu e meu pai falamos sobre o cardápio do aniversário dele na frente dela. Meu pai acaba convidando minha mãe para vir jantar conosco amanhã e ela aceita o convite.

27 DE JULHO

Acordo cedo para fazer um teste de covid, que felizmente dá negativo. Durante o dia, preparo as coisas para o jantar de aniversário do meu pai, compro um bolo e faço uma reunião de trabalho. De noite, na hora do parabéns, digo para meu pai escolher alguém para dar a primeira fatia do bolo, esperando sinceramente que ele a entregasse para mim, já que eu o hospedo há meses, preparei o jantar, comprei o bolo...

Mas ele pega o prato e o estende à minha mãe, dizendo: "Para a mãe das minhas três filhas...".

Quem viu meu pai e minha mãe guerreando como vikings nos primeiros dez anos da separação deles, depois se hostilizando nos dez anos seguintes e por fim se ignorando no tempo que restou, jamais poderia acreditar numa cena dessa. Seria mais fácil acreditar que o mundo inteiro ficaria mais de doze meses trancado em casa por conta de uma pandemia do que um gesto de delicadeza entre os dois.

28 DE JULHO

Vera, minha amiga, escreve me convidando para fazer uma personagem em uma série de época que ela vai dirigir para uma plataforma de streaming. É uma vilã e eu aceito o convite antes de ler o roteiro. Sinto um alívio enorme por ter um trabalho na linha do horizonte. Por anos, convivi com atrizes que passavam muito tempo sem ser chamadas para um trabalho depois de terem filhos, e tive muito medo de que acontecesse isso comigo. Inclusive, esse foi um dos motivos que me fizeram pensar em não ser mãe.

2 DE AGOSTO

Hoje os meninos fazem seis meses. Acordo assustada com a velocidade do tempo. A pediatra disse para começarmos a introdução alimentar de verdade, me deu uma lista de alimentos e novos horários. Passei seis meses construindo uma rotina de sono, alimentação, amamentação, brincadeiras e banho. Agora, com a entrada de almoço e jantar, essa rotina vira de ponta-cabeça. Foi com dor que li que uma das mamadas será substituída pelo almoço. A ideia de que eles, desde a barriga, estão, aos poucos, se desatarraxando de mim me dói numa camada profunda. Nos últimos trinta dias, estive mais fora de casa, realmente dividi meu tempo entre os filhos e o trabalho. Noto que eles sentiram a minha ausência e eu a deles. A pediatra disse que isso é saudável e necessário, mas vê-los mais tempo nos braços de outras pessoas, apesar de reconfortante, é incômodo. É estranho que muitas pessoas tenham intimidade com meus filhos além de mim. Por um segundo, compreendo a loucura daquela mãe que virou personagem de uma série, aquela que enchia a filha de remédios desnecessários para que a menina passasse a vida toda doente, dependendo dela. É uma história horrorosa em todos os níveis, mas existe um lugar dentro de mim que entende os motivos dessa mãe. Apesar de todo o meu esforço para criar meus filhos para o mundo, apesar de ensiná-los a dormir de forma independente, de querer que eles gostem também de outras pessoas, de estimular sua autonomia, apesar de ser essa a minha bandeira, nem sempre é fácil carregá-la.

3 DE AGOSTO

Na esquina da rua Piauí com a rua Bahia tem um caminhão de mudança estacionado. Homens descarregam câmeras e butterflies de filmagem. A luz do sol incide no rebatedor, que ilumina o retrovisor do meu Volksvagen prateado modelo 2008, 92 mil quilômetros rodados. O rádio do carro toca "Fast Car". Por onde andará Tracy Chapman? Por que Tracy Chapman nunca mais lançou um álbum? Teria sido incapaz de gravar um segundo disco tão bom quanto o primeiro? Max e Ben, no banco de trás do carro, ouvem Tracy Chapman pela primeira vez. Martha e Luiz, no banco da frente, ouvem Tracy Chapman pela milésima vez. Hoje, 3 de agosto de 2021, Max e Ben vão comer uma refeição completa pela primeira vez: arroz, frango e abóbora sem sal. Talvez os pais tenham filhos justamente para reviver essas primeiras vezes.

Quando eu tinha dezessete anos, arrumei um trabalho temporário numa empresa que fazia cartões. Eu tinha que escrever frases bonitas e impactantes para datas comemorativas. Se eu ainda trabalhasse lá, este seria o hit: "Qual foi a última vez que você fez algo pela primeira vez?".

6 DE AGOSTO

Minha vida virou de cabeça para baixo com a introdução alimentar.

15 DE AGOSTO

Desde que começaram a comer, os meninos têm acordado uma hora e meia antes do costume. Eu e Luiz vivemos no limite da exaustão e estamos brigando muito. Minha mãe veio dormir em casa e tivemos que disfarçar a raiva que estávamos um do outro para o ambiente não ficar tão bélico. Mas ela percebeu e se ofereceu para ficar duas horas com os meninos na casa da Ines.

Dividi mentalmente as duas horas em muitas atividades: ler o piloto de um roteiro, transar e dormir, não necessariamente nessa ordem. Apaguei e só acordei com o sino das seis da tarde.

22 DE AGOSTO

Acordo com uma mensagem da Thais dizendo que arrumou outro emprego. Minhas pernas ficam bambas, a impressão é de que vou desmaiar. Em outubro começo a filmar uma série e não imagino como vou dar conta de tudo sem a ajuda dela. Passo algumas horas sem ar, tentando conceber na minha cabeça um esquema que concilie a rotina dos bebês, minhas filmagens e o trabalho do Luiz.

Meus enteados estão passando o fim de semana com a gente, e é impressionante como Max e Ben, apesar de tão pequenos, já os reconhecem como irmãos. Eles adoram quando os irmãos vêm. Olho para os quatro, com tanta diferença de idade, e acho bonito demais eles juntos.

Eu e Luiz brigamos depois do almoço, porque a gente já tinha combinado de todos lavarem a louça que usam quando estão aqui, mas o Luiz tem uma dificuldade enorme de cobrar isso dos filhos. Então quem cobra sou eu, aí o arquétipo da "madrasta mala" acaba caindo como uma luva, e eu, depois de dois casamentos com enteados, não quero mais carregar essa personagem.

23 DE AGOSTO

Não dormi a noite toda. Tenho uma semana para encontrar alguém para substituir a Thais. Entendo que ela não possa se dar ao luxo de recusar uma oportunidade melhor de emprego e, no fundo, sei que ser babá não é o trabalho dos sonhos dela, embora faça isso muito bem. Mas me sinto despedaçada com sua partida. Teoricamente, o puerpério dura em média sessenta dias, mas já se passaram seis meses e meio do nascimento dos meninos e ainda me sinto mais frágil do que o habitual. Como se eu tivesse trocado de pele e a nova camada ainda estivesse muito sensível para se expor. Talvez seja isso, ou o cansaço extremo que aumenta a cada dia, mas o fato é que a iminente partida da Thais está me deixando melancólica e desorganizada.

27 DE AGOSTO

Depois de uma semana estressante, chega o dia de Thais ir embora. Esta sexta-feira é o último dia dela conosco. Tenho o choro preso na garganta, sinto uma tristeza enorme e me acho ridícula por ter criado esse laço com ela. Na hora do almoço, digo a Thais que ela precisa explicar aos meninos que está indo embora, que eles vão sentir falta dela. De repente Luciana começa a chorar, Thais emenda no choro e eu não consigo mais segurar. Choramos as três, cada uma com sua história, mas em comum um amor gigante por duas criaturinhas tão pequenas.

"Eu não vou explicar isso pra eles. Não vou me despedir, não consigo", Thais diz enquanto as lágrimas escorrem em profusão pelas laterais da sua máscara de proteção.

"Vou sentir sua falta, Thais" é tudo o que consigo dizer.

Passo o dia tirando fotos dela, de mim, da Lu. Quando toca o sino das seis da tarde, que é o nosso sinal para o banho dos meninos, minha garganta aperta de novo. Thais se levanta, como faz religiosamente há seis meses, e vai preparar o banho. Me viro de lado para que ela não veja que estou com os olhos vermelhos. Ela faz tudo como se executasse um ritual importante pela última vez e noto que ela chora em silêncio. E aí entendo: essa mulher foi testemunha dos meus momentos mais íntimos, de um puerpério duríssimo. Em todos os meus choros emocionados, meus ódios descabidos, minha ternura e meu desespero, lá estava ela. Parte da minha vida está indo embora com ela. E parte da vida dela ficará aqui, guardada comigo. Coisas preciosas, flashes do começo da minha vida de mãe, do começo da vida dela como babá e do começo da vida dos meninos. Tudo isso agora acaba, um ciclo se encerra. Meu coração está afogado em tristeza, amor e gratidão por ela. Os seis meses mais lindos e mais difíceis da minha vida.

30 DE AGOSTO

Acordo às cinco da manhã com o coração acelerado. Hoje é o primeiro dia de Miriam, a nova babá. Nos falamos por telefone e nos demos bem. Em algum momento da conversa, ela me disse que gosta de meninas, mas que sua vocação é cuidar de meninos. Achei bonito o jeito que ela falou. Ela chega por volta das oito da manhã. Não sei por que, mas alguma coisa nela me lembra as babás de filme antigo. Tomo fôlego e explico toda a rotina dos bebês, horários, hábitos, atividades, sono, alimentação, roupas, banho. Passo um tempo observando Miriam brincar com os meninos no tapete emborrachado e sinto que eles estão se dando bem.

2 DE SETEMBRO

Hoje eu e o Luiz fizemos nossa primeira sessão de terapia de casal com Pâmela. Foi uma sessão belicosa, mas nos últimos minutos eu consegui, mediada por ela, que Luiz ouvisse uma coisa que estou há tempos tentando falar.

Ser ouvida parece um pequeno milagre.

3 DE SETEMBRO

Miriam me diz que sua família, no interior, está com um problema sério e que ela não vai poder ficar. Sinto muita vontade de chorar quando ela me diz isso, mas me controlo. Penso na possibilidade de que ela não tenha gostado da gente, da casa ou dos meninos. Penso em cancelar meu trabalho, mas não posso. A sensação de depender de outra pessoa para poder continuar com a minha vida para além da maternidade é angustiante. Sinto raiva. Não dela nem dos meus filhos nem de mim, mas da minha condição de mãe. Ela combina de ficar conosco por mais uma semana.

11 DE SETEMBRO

Neste sábado à noite estamos sozinhos com dois bebês e sem a perspectiva de termos alguém na segunda-feira. Meus ensaios da série vão começar e o Luiz tem uma batelada de reuniões importantes. Me sinto refém da minha própria vida. A sensação é de que levamos uma surra.

Às nove e meia da noite, Samara, uma candidata que havíamos entrevistado e gostado, nos telefona e pergunta qual a nossa proposta. Conversamos e ela fica de começar na segunda.

13 DE SETEMBRO

Samara chega de manhã e começo a passar tudo para ela. Tenho a sensação de que é a última vez que vou conseguir fazer isso. Ela é sistemática e quer programar tudo com antecedência, da roupa que os meninos vão usar amanhã à viagem de fim de ano. Samara conta que no sábado foi fazer um teste com outra família e que ninguém da casa falou direito com ela. Então ela decidiu optar por trabalhar conosco, por ter se sentido mais acolhida. Fico chocada com o relato, mas no íntimo comemoro.

De tarde, Miriam vem se despedir de mim e dos meninos. Ela me abraça e chora descontroladamente. Depois faz umas brincadeiras com os meninos e chora mais. Quando vai embora, fico uns minutos em silêncio. É uma relação estranha essa. Muito estreita, íntima e cheia de conflitos. Embora seja uma relação profissional, laços amorosos são criados depressa. Tudo o que você quer é que essa pessoa trate seus filhos como se fossem dela, mas você não fica isenta de sofrer de ciúmes e de ter medo que eles te rejeitem.

14 DE SETEMBRO

Eu e a Carol estamos terminando de negociar os termos do meu novo contrato de trabalho. Desde o início incluí no acordo a condição de poder amamentar meus filhos às sete da manhã e às sete da noite. É um pouco complicado para a produção, porque significa que só conseguirei estar no set a partir das oito da manhã e que às seis da tarde terei que voltar correndo para casa. Na verdade, sempre achei que doze horas de set por dia, mais o tempo de locomoção, é uma condição desumana para quem trabalha com audiovisual a longo prazo, mas a realidade nesse meio é essa. Fiquei feliz por não terem desistido de mim, mesmo com essas limitações. Vera, que também é mãe de gêmeos, foi feminista na prática, contratando uma mãe recente e lactante para o trabalho. Muitos diretores teriam fugido de uma atriz nessas condições.

23 DE SETEMBRO

Todas as mulheres do mundo, série que fiz em 2020, é indicada ao Emmy. A cerimônia será em novembro em Nova York, e fico com vontade de ir. Tudo passa pela minha cabeça: os contatos que posso fazer lá, o preço absurdo das passagens, a distância dos bebês, a possibilidade de eles desmamarem se ficarem longe de mim, a ideia de viajar com eles e levar uma bomba para tirar leite, de levar minha mãe e o Luiz para me ajudar, de encontrar uma roupa para a festa, de tirar o passaporte e o visto americano deles, de encontrar alguém lá para ajudar minha mãe com os bebês enquanto o Luiz e eu estivermos na premiação, de conseguir data na agenda da série que estarei filmando… É uma logística imensa passar quatro dias em Nova York, postar meia dúzia de fotos glamourosas no Instagram e parcelar a viagem em dez vezes. Mas é possível que seja divertido também.

28 DE SETEMBRO

A cena é a seguinte: Luiz e eu na frente da nossa terapeuta falando sobre o envolvimento dele no cotidiano dos bebês. Eu digo o quanto me sinto sobrecarregada, ele se defende, enfim, aquele círculo chatérrimo de reclamações de ambos os lados. Sem aviso, Pâmela nos interrompe para falar de Winnicott, psicanalista inglês que dedicou parte de sua vida ao estudo de bebês. Segundo ele, até os três anos de idade a mãe não deve se separar por longos períodos do bebê, porque ele ainda não tem maturidade para compreender a ausência dela, não entende que a mãe vai voltar. Ou seja, a ausência prolongada da mãe é a morte para o bebê. Fico um tempo em estado de catatonia.

"Três anos?", digo.

"Sim."

"E como você fez para viajar quando teve seus filhos?", pergunto.

"Até os três anos levei meus filhos em todas as viagens."

Começo a rir e pergunto se ela sabia do meu desejo de ir ao Emmy e ela diz que não.

"Três anos...", Luiz repete, perplexo.

"Isso mesmo", diz Pâmela.

Eu desejaria nunca ter ouvido essa frase, desejaria que Winnicott nunca tivesse pensado nem falado sobre isso. A ideia de estar acorrentada aos meus filhos até eles terem três anos, sem poder me afastar, é um pesadelo. Por outro lado, a ideia de submetê-los ao terror de uma ausência cruel e letal é igualmente aterrorizante. Não sei nem o que pensar.

No caminho de volta para casa, lembro que minha mãe teve que fazer três longas viagens no meu primeiro ano de vida. Essa lembrança, associada à nova informação de Winnicott, me dói. Lembro do buraco no meu peito.

29 DE SETEMBRO

Sempre achei chique relatos de mulheres que, assim que seu bebê desmama, fazem uma viagem com o marido para que os dois se recuperem da exaustão e das privações dos últimos tempos. De quebra, dão uma injeção de ânimo no casamento que está largado às traças na gaveta mais escura do armário. Sonhei em ser essa mulher que entra num avião e vai pensar em coisas diferentes num CEP longínquo, deixando dois bebês fofos e risonhos aos cuidados da avó. Aliás, uma das primeiras coisas em que pensei quando engravidei foi em quando poderia viajar de novo. O que eu não imaginava é que só a ideia de ficar 24 horas longe dos bebês já seria insuportável para mim. Apesar disso, venho sonhando com viagens que não tenho nem dinheiro nem coragem de fazer. Mas me faz bem sonhar com elas.

Só que agora nem sonhar em paz eu posso. A frase não sai da minha cabeça. "A ausência da mãe é a morte para o bebê." Que puta sacanagem, não consigo mais ir até a esquina sem achar que estou traumatizando meus filhos para sempre.

30 DE SETEMBRO

Passo horas nos grupos de WhatsApp debatendo com fervor as ideias de Winnicott, sem nunca ter lido Winnicott. Entrei no grupo de grávidas, das mães de gêmeos, das amigas do colégio, das melhores amigas. Em todo lugar onde havia uma mãe, lá estava eu trazendo o tema à tona. Com poucas exceções, as mães acham que a ideia de Winnicott é muito radical e que é importante a mãe ter alguma liberdade. Os bebês ficarão bem se estiverem bem cuidados, com pessoas que conhecem. "Quando a mãe está bem, o bebê está bem" é quase um lema. Converso também com a pediatra, que pondera o assunto com mais flexibilidade que a terapeuta. Ela também acha que é difícil para os bebês assimilar a ausência da mãe. No entanto, devem ser pesados prós e contras da situação. Não adianta a mãe estar acorrentada ao bebê se ela estiver impossibilitada de fazer coisas fundamentais para ela.

"Fora que, na época de Winnicott, não tinha FaceTime, né?", ela diz, dando uma piscadela para mim.

14 DE OUTUBRO

Meu projeto sobre Pagú é selecionado pelo edital do governo do Estado. Agradeço aos deuses do teatro, à própria Patrícia Galvão e a mim mesma pelas madrugadas que passei escrevendo o projeto. Estou feliz por ter um trabalho em perspectiva. Ano que vem serei Pagú.

30 DE OUTUBRO

O mês passou voando até chegar a este dia 30, meu aniversário. Hoje também foi o dia que batizamos nossos filhos. Eles estavam lindos com suas roupas brancas e os pezinhos calçados. Ganhamos uma festa de batizado dos meus tios Kiko e Valéria, que abriram a casa deles para a celebração. Chamamos alguns amigos e a família para um almoço no jardim.

Padre Pascoal, velho amigo da família, realizou a cerimônia, que começou com uma hora de atraso e com dois bebês famintos e nervosos. O padre chamou Maximilian de Willian algumas vezes, o que deu um tom levemente cômico ao ritual. À medida que o tempo vai passando, os bebês vão ficando mais irritados e então pergunto ao padre se ele não pode dar uma aceleradinha no processo. Mas ele se mantém firme e me diz, sério, que essas coisas não se apressam. Nuno, padrinho de Maximilian junto com minha mãe, trouxe duas velas lindas de Portugal com o nome dos meninos. Convidei meu tio Kiko e minha irmã Ines para serem os padrinhos de Benjamin. Tomamos champanhe a tarde toda e nos sentimos felizes. De noitinha, vejo uma amiga, já bem bêbada, grudada no meu pai. Chamo-a num canto e digo:

"Olha, acho que nossa amizade não vai sobreviver se você ficar com o meu pai."

Ela me responde com olhos alcoolizados: "Mas não seria para sempre, seria só hoje mesmo".

Tenho vontade de rir, mas não rio. Felizmente a festa acabou sem maiores desdobramentos.

1º DE NOVEMBRO

Winnicott, passagens caríssimas, um visto americano quase impossível e uma série para filmar, agravados por quilômetros de culpa, me fazem desistir de ir ao Emmy Awards.

5 DE NOVEMBRO

Nando, meu primo, me liga para falar sobre *Hard*, uma série que fizemos juntos e que estreou há algumas semanas. Foi engraçado quando filmamos, porque fizemos um par romântico no enredo e tivemos cenas de beijo e sexo. Foi estranho fazer tudo isso com um primo, mas nossa fé cênica deu conta do constrangimento. No meio da conversa, falo do projeto sobre a Pagú e ele diz:

"Você sabe que ela é nossa prima, né?"

Eu rio e revido dizendo que todo mundo é nosso primo, já que nossa família é enorme. Mas ele insiste, diz que é papo sério, que a Pagú era prima da nossa bisavó Galvão, mais conhecida como vovó Dindinha, mãe do meu avô João. Ele me passa o telefone de um genealogista que pode confirmar o parentesco e dar mais detalhes da história. Desligo o telefone em choque. Pagú minha prima... Fico imaginando o quanto sua rebeldia deve ter incomodado e até escandalizado minha bisavó Dindinha. Talvez não muito. Talvez por trás da figura austera de vovó Dindinha e das histórias que a narram como uma mulher rígida e conservadora houvesse algum tipo de admiração, ou até de inveja, da prima gauche.

10 DE NOVEMBRO, SANTOS

Uma parte da série é filmada em Santos e venho para cá rodar algumas cenas. Chego parecendo essas estrelas de Hollywood que viajam com uma equipe, só que sem o glamour de Hollywood. Descemos a rodovia dos Imigrantes eu, Max, Ben, Samara, Luiz e um porta-malas abarrotado. Enchemos o frigobar do hotel com potinhos de comida congelada e Luiz se programa para trabalhar no quarto e ficar com os bebês quando Samara for almoçar e jantar. Fico apreensiva, é minha primeira personagem depois de parir e não sei que atriz vou encontrar. Passo os dias no set e, no começo da noite, volto correndo para amamentar. Penso em visitar o Centro de Cultura Patrícia Galvão, que fica na cadeia velha, mas não tenho forças para ir.

12 DE NOVEMBRO, SANTOS

Passo o dia filmando a cena de um casamento numa antiga igreja da cidade. O cronograma apertado mais os protocolos da pandemia deixam o clima do set mais tenso que de costume. No fim do dia levo os meninos para ver o mar pela primeira vez. É um dia feio na orla e empurro o carrinho pela areia dura até a beira do mar. Os bebês ficam olhando o mar num misto de curiosidade e tédio. De noite, Maximilian tem uma febre de quase quarenta graus.

13 DE NOVEMBRO

Benjamin acorda com uma alergia no rosto, parecida com as que eu tenho quando estou muito estressada. Felizmente voltamos hoje para casa.

16 DE NOVEMBRO

A alergia do Benjamin se espalhou pelo corpo inteiro e começo a ficar desesperada. Eu e Samara passamos todos os tipos de pomadas e chás em seu corpo, de cortisona a camomila, mas nada emplaca. Marco consulta com uma dermatologista.

17 DE NOVEMBRO, SANTOS

Volto para Santos e, como eu só tinha uma diária, resolvo não levar os bebês. Vou passar uma noite e duas mamadas longe deles.

23 DE NOVEMBRO

Passeio por um centro cultural na rua Augusta em que há várias salas de ensaio. Entro numa delas e me sento na arquibancada. Não sei de qual peça se trata nem qual a minha personagem. Só sei que preciso estar aqui. Depois caminho pela rua Augusta e vejo uma amiga sentada num boteco. Ela está lá desde o dia anterior, bebendo. De repente começo a correr, lembro que esqueci os bebês no carro, lembro de uma reportagem de pais que esqueceram bebês trancados no carro em um estacionamento no shopping e eles morreram sufocados. Corro sem parar, aos prantos. Quando chego no carro, as janelas estão abertas e minha mãe está lá dentro, com Benjamin no colo.

Pâmela, a terapeuta, me olha emocionada e, embora eu não me lembre com precisão as palavras, me diz algo que jamais esquecerei:

"Sua mãe está muito positiva dentro de você."

Fico emocionada porque, desde que meus pais se separaram, minha relação com minha mãe foi muito conflituosa, tivemos altos e baixos dignos de um roteiro de filme.

Quando fiz 21 anos, saí para jantar com meu pai e Simone. Na época, eu ainda tinha raiva dele por ter se separado da minha mãe. No meio do jantar, meu pai me disse que não era bom para mim ter raiva dele, senão, provavelmente, eu nunca ia me entender com homem nenhum na vida.

Minha vida amorosa era um desastre, e o conselho caiu como uma luva. Decidi ir morar com meu pai, mas agi da pior forma possível. Voltei do jantar, fiz as malas e no dia seguinte comuniquei à minha mãe que estava indo embora. Coloquei tudo o que coube no meu Gol 1.0 e fui sem olhar para trás, deixando minha mãe completamente arrasada. Hoje vejo que fui horrível com ela, desabalando para o lado inimigo da trincheira sem aviso prévio. Mas, ao mesmo tempo, eu ainda era jovem e estava sofrendo horrores com a rachadura interna que a separação deles tinha aberto em mim e que seria agravada por anos de litígio judicial. Fiz o que pude, mas sinto que por muito tempo minha mãe teve raiva de mim.

Depois disso, tivemos momentos bons e ruins. Mas nossa relação começou a ficar boa de fato de uns anos para cá. Durante toda a gravidez, me senti amparada por ela. Por isso, entender que, depois de duas longas décadas, minha mãe ocupa um lugar positivo dentro de mim e dos meus sonhos, é muito comovente.

26 DE NOVEMBRO

Fui até a casa do Rafael para rever o manuscrito original da Pagú. Fernanda, que tem uma editora e quer publicar o texto, Dani, produtora da peça, e Bel, a diretora, foram comigo. Levei uma caixa de croissants e tomamos muitos cafés falando da vida de Patrícia Galvão. Dessa vez, o manuscrito não estava mais enquadrado, estava solto dentro de alguns álbuns de fotos, numa mala inglesa de couro. Uma mala linda. É irônico porque ele está dentro de um caderninho de escola que tem uma capa com escoteiros desenhados, a bandeira do Brasil e a seguinte frase: "O escoteiro sorri na desventura". Acho triste aquele texto carregado de dor dentro daquele caderninho. Num dos álbuns, encontro uma foto da Pagú com um vestido esvoaçante na praia de Santos e uma legenda escrita com caneta tinteiro: "Novembro-Santos 1929, eu andava solta…".

30 DE NOVEMBRO

Benjamin tem estado cada vez mais longe do meu peito. Ponho ele para mamar e ele mama pouco, quase por obrigação. Depois fica me olhando com um bico impaciente e balança a cabeça. Toda manhã em que o pego no berço e ele faz isso, meu coração gela e choro escondida. Não sei por que, mas me sinto humilhada pela rejeição e tenho vergonha de contar ao Luiz o que está acontecendo. Outro dia olhei no fundo dos olhos de Ben e implorei para ele mamar. Ele mamou por quinze segundos e depois me senti culpada de impor minha carência a ele. É que a batalha da amamentação foi tão dura que eu não queria parar antes de um ano. Sei que se ele nunca tivesse colocado uma mamadeira na boca dificilmente rejeitaria meu peito, e me culpo o tempo todo por isso. Não consigo parar de ser má comigo. Ao mesmo tempo, vejo que Benjamin está apaixonado pela comida, o que só reforça o DNA Nowill.

Andei lendo sobre amamentação segundo a antroposofia, e ela diz que nessa idade existe uma janela de desmame e autonomia muito saudável para os bebês. Oscilo entre querer pregar os bebês no meu peito para sempre e soltá-los para que ganhem o mundo. Aproveito que Max ainda mama com gosto e faço vídeos dos nossos momentos juntos. Às vezes falo: "Vamos fazer o tetê?", e ele repete devagar e sorrindo: "Tê-tê". Nessas horas acho que vou morrer de amor.

5 DE DEZEMBRO

Seguimos filmando a série num antigo casarão no bairro dos Campos Elíseos, aqui em São Paulo. Em alguns dias sinto uma alegria imensa em ir ao set e estar com os outros atores e a equipe. Em outros dias, me sinto melancólica, acho que ganho menos do que deveria a esta altura da minha carreira e que trabalho em condições que já deveriam ser melhores. O fato de eu ter dois bebês em casa e uma vida mais dispendiosa me faz repensar o quanto vale meu tempo e minha energia. É contraditório, porque, como as minhas contas ficaram três vezes mais caras, preciso trabalhar mais. O ano está acabando e sinto um cansaço enorme. Eu e o Luiz continuamos brigando muito. Engordei alguns quilos, estou inchada, cansada, mal-humorada, infeliz, estressada, meu cabelo não para de cair e minha pele está toda manchada. Devo estar insuportável. Sei que estou insuportável. Percebo que a euforia inicial da maternidade assentou e que aquela enxurrada de amor que eu sentia diariamente e que me fazia relevar o cansaço e a privação de sono já não produzem o mesmo efeito. O amor continua enorme, mas agora é como se estivéssemos navegando em velocidade de cruzeiro e eu não estivesse conseguindo enxergar no horizonte o momento em que de fato vou poder descansar.

12 DE DEZEMBRO

Por mais que eu leia e releia o manuscrito de Pagú, não consigo visualizar um formato para a peça. Penso em fazer uma reconstrução fictícia da cela onde ela esteve presa, misturando diálogos com outras prisioneiras e falas do manuscrito. Acabo achando a ideia cafona e careta, tudo que Pagú não é. Converso com a Bel e digo que não quero fazer um monólogo, que já fiz monólogo e achei solitário, pesado, e que tive ondas de pânico quando me vi sozinha em cena. Proponho convidar uma atriz para dividir o papel de Pagú comigo, mas a resposta de Bel como diretora é firme: o projeto é um monólogo e quem vai escrevê-lo sou eu. Ela propõe um processo chamado escrita na cena, em que vou gravar depoimentos em vídeos, ela vai transcrevê-los e eles se tornarão material para a futura dramaturgia. Grifo de amarelo fluorescente o seguinte trecho do texto: "Eu quero ficar só, onde não haja terra, onde não haja espaço".

13 DE DEZEMBRO

Hoje foi a última diária da série, uma noturna. Filmamos uma cena de incêndio no casarão. Trabalhamos madrugada adentro e, quando acabou, senti um alívio enorme de terminar e, ao mesmo tempo, aquela tristeza de não encontrar mais a equipe e os atores, que acabam se tornando um pouco família no decorrer das semanas. Tenho coisas acumuladas para resolver, exames para marcar, vacinas dos bebês, burocracias da minha empresa e do edital, um Natal e férias para organizar. Minha vontade é fugir de casa e me trancar sozinha por 72 horas num quarto de hotel e não fazer nada. Nada. Nada. Nada. Talvez nem abrir as cortinas. Quero passar três dias lendo e assistindo a séries numa cama gigante e sendo alimentada pelo *room service*.

15 DE DEZEMBRO

Não tenho nada programado para as férias. Começo a ver a movimentação dos amigos se preparando para a primeira viagem pós-pandemia em cenários paradisíacos. Preciso de um descanso, não consigo pensar em começar o próximo ano sem uma pausa. Decido encontrar uma casa para passarmos o fim do ano e convido minha mãe para ir junto. É seu primeiro réveillon sem Felippo e não quero que ela esteja sozinha.

18 DE DEZEMBRO

Depois de três dias numa caça ao tesouro, acho uma casa em Paraty. Chamo Carol, minha empresária, e minha amiga Maria para dividirmos as despesas e começo a programar a viagem. Compro dois berços portáteis para os meninos.

30 DE DEZEMBRO

Nuno veio de Portugal passar o réveillon conosco. Maria e Carol vieram do Rio e nos encontraram em Paraty. A casa é linda, eu não poderia estar em melhor companhia, mas, por algum motivo, não consigo descansar. Estou o tempo todo resolvendo ou o almoço ou o jantar do grupo, ligando na peixaria, coordenando se os bebês comem na praia, se passam repelente, onde tiram a soneca, se minha mãe está bem... Eu deveria abstrair, descer com um livro para a praia e esquecer. Deveria deixar o grupo da casa sem almoço, sem comida na geladeira, deixar que outras pessoas tomem algumas iniciativas, mas não consigo, sou provavelmente a pessoa mais cansada da casa e a única que não descansa. Não consigo largar mão, ligar um foda-se. Sou uma puta de uma controladora e estou a ponto de colapsar. Os dias passam e tento relaxar, tento tirar férias e, quanto mais tento, menos consigo. Começo a ficar com raiva de mim e dos outros.

1º DE JANEIRO DE 2022

Ontem foi noite de Ano-Novo. Eu já estava arrumada para a festa, mas Max insistia em não dormir. Então peguei ele no colo, o quarto estava escuro e eu podia sentir sua respiração junto da minha. Seu coração, mais acelerado, aos poucos foi entrando em sintonia com o meu, nós dois desacelerando. Eu querendo subir para a festa de réveillon, ele percebendo, eu respirando com calma. Nós três no breu do quarto e o barulho de mar agitado invadindo a casa. Benjamin dormia profundamente em seu berço portátil, agarrado na sua naninha. Nós três no quarto escuro no último dia do ano. "Não posso dar nada além do meu melhor", pensei. A vida me deu dois meninos para criar e me sinto a mulher mais importante do mundo. Sou a mulher mais importante do mundo. Me sinto uma deusa-mãe, meio indiana, meio celta, meio bruxa. Tenho o cabelo comprido até o chão e todos os pés e todas as mãos de Ganesha, removedor de obstáculos. Todos os dias meus dois filhos me escalam como se eu fosse uma montanha, e eu sou a montanha. Pelos meus olhos escorre um rio de orvalho, leite e choro. Sou a mãe, a sereia, a leoa. A ave que se afasta do bando até o futuro e volta com informações meteorológicas. Sou a mulher tailandesa com o pescoço esticado por um colar de ouro que vi quando pequena na capa da *National Geographic*. Sou Iansã e seu raio, lutando contra um exército de homens. Sou Sarah Bernhardt, paranoica no camarim, num dia ruim de peça. Sou minha mãe e minhas avós. Minha bisavó Maria e minha bisavó Dindinha. Tenho o mesmo cansaço dos pés de vovó Dolores e carrego o mesmo H de Martha Elisabeth Nowill. Sou uma das filhas da cutelaria John Nowill & Sons. Sou uma mulher com um cutelo. Uma mulher com um bordado. Às vezes me sinto só, às vezes me sinto uma viking.

Ouço alguém estourar um champanhe no andar de cima e percebo que Maximilian acabou de dormir. Antes de colocá-lo no berço e subir para a festa, tento guardar a sensação que acabei de ter, de estar de braços dados com todas as mulheres que existem, que vieram antes de mim e que ainda virão.

6 DE JANEIRO

Maximilian e Benjamin são bebês incríveis, se adaptam às mais diversas situações, almoçam na estrada, dormem em berços portáteis, vão no colo de todo mundo, amam interagir. Mas minha expectativa de descanso era tão grande que só podia dar errado. Passei os dias sem dormir direito e volto mais cansada do que nunca.

Os meninos têm onze meses e Ben está quase desmamando. Chamo o Benjamin de sommelier de teta: ele vem, prova e faz cara de quem está tentando decifrar as notas do leite. Às vezes mama, outras vezes chora, querendo escapar dali. Dou o peito de manhã e de noite, o que me deixa mais cansada. Insisto porque me propus a dar de mamar até que eles tivessem um ano e porque vou tomar a terceira dose da vacina e não quero que Benjamin largue meu peito antes disso. Para ser sincera, eu esperava que o desmame fosse uma decisão conjunta, minha e deles, o que é um pouco de loucura minha; afinal, eu sei que a decisão de o bebê largar o peito é saudável e mostra sua independência. Mas não tem jeito, me sinto rejeitada. Já Maximilian gosta do peito e da mamadeira, se diverte mamando nas mais variadas posições e, de vez em quando, assopra o peito em vez de sugar. Sinto que, quando os meninos desmamarem, minha vida será mais fácil e que dormirei mais. Ainda assim, tenho vontade de chorar quando lembro do desmame. Minha estratégia é pensar no tema todos os dias até eu ter a certeza de que quero parar. Fico esperando um sonho ou algo que me confirme que essa é a decisão correta.

Para mim, desmamar é como abrir mão da função mais importante do mundo, que é produzir leite para outro ser humano, que é nutrir alguém, para depois voltar à minha condição de cidadã comum. Voltar a ser uma pessoa que não produz leite.

10 DE JANEIRO

Benjamin não quer mais mamar. Mesmo. Todas as manhãs, trago ele para a minha cama, coloco no peito e ele me olha com uma cara de que aquilo não faz mais sentido. Hoje me contorci para ficar numa posição diferente para ele mamar, me contorci a ponto de travar a coluna. Soltei um grito de dor e de repente me vi de fora: eu, numa posição impossível, fazendo contorcionismo para um bebê que não quer mais mamar, pegar meu peito. Me sinto ridícula e carente. Olho para Ben e digo:

"Se você não quer mais mamar, nós vamos parar, ok? É isso mesmo que você quer?"

11 DE JANEIRO

Acordo e vou até o quarto dos meninos. Peço que a Lu fique com Ben e levo Max para mamar. Antes de sair, olho para Benjamin e explico:

"Você lembra do que combinamos ontem? A partir de hoje, eu não vou mais te levar para mamar. Você vai esperar seu irmão aqui e depois vocês dois vão tomar café da manhã juntos."

É estranho fazer uma coisa com um e não fazer com o outro.

20 DE JANEIRO

Hoje gravei meu depoimento em vídeo para o projeto sobre a Pagú e me senti totalmente ridícula.

Apoio a câmera na mesinha, sento no chão, ao lado da cama, e começo a falar. Estou mal-humorada. Ando num mau humor insuportável, não consigo abrir a boca sem dizer qualquer coisa que não seja com um tom mal-humorado ou relacionada ao meu mau humor. Passo sete minutos falando sobre esse meu mau humor e sobre o meu cabelo fodido pela amamentação. E quando estou no auge do meu depoimento mal-humorado, a câmera para de gravar por falta de espaço na memória do celular. Costumo passar mais de meia hora por dia apagando fotos, memes, conversas e vídeos do aparelho e, ainda assim, nunca tenho espaço para nada. Não sei o que fazer com o lixo que fabrico. Além do lixo físico, agora tem o lixo virtual. Jogo tudo na lixeira, depois ainda é preciso esvaziar a lixeira, e mesmo assim esse lixo provavelmente ficará guardado na nuvem para toda a eternidade. O mundo vai explodir com tanta informação inútil.

Começo a gravar um novo vídeo falando do mau humor de eu ter perdido o vídeo anterior e por alguns segundos me detenho nos móveis do quarto. Imagino que eles estão cansados de estar onde estão, tenho o ímpeto de mudar tudo de lugar. Desisto, pois a cabeceira da cama está aparafusada na parede. De repente olho para a capa do meu edredom, branca e macia sobre a cama. Passo a mão nela e lembro da lista de coisas para o ninho que Pagú escreveu na última página do seu manuscrito prisional. "Um cobertor grande grande/ três colchas brancas grandes/ seis lençóis…" Fazia anos que ela estava na casa de detenção, sonhando em voltar para algum lugar que pudesse chamar de ninho, onde houvesse roupas de cama e toalhas brancas e limpas. Minha ideia de lar também tem a ver com isso. Por um segundo, elaboro um paralelo improvável: Pagú numa prisão em 1939, longe de seu filho e de seus sonhos, e eu, em 2022, num puerpério interminável, numa dificuldade terrível de voltar para a minha vida, tentando descobrir a melhor forma de transformar seu relato em uma peça.

25 DE JANEIRO

Hoje fomos na Vinte e Cinco de Março comprar objetos com motivos de fundo de mar, para a decoração da festa de um ano dos meninos. Não encontrei nada lá, nada, porque não existe nada na Vinte e Cinco de Março que não seja parte da franquia de algum desenho famoso, que não pertença a alguma marca. Fui com a ideia de comprar tubarões, peixes, sereias e estrelas do mar para decorar as paredes e a mesa do bolo. Mas só encontrei Nemo, Baby Shark, Ariel e outros personagens da Disney. Luiz diz para eu ir me acostumando, pois vai ser assim toda a infância deles.

28 DE JANEIRO

Hoje gravei meu segundo depoimento para mandar para a Bel. A casa estava barulhenta e me escondi dentro da banheira vazia com o celular. Uma das coisas mais difíceis de eu conseguir, atualmente, é ficar sozinha. Lembro do título do livro da Tati Bernardi, *Você nunca mais vai ficar sozinha*. Cheguei a pensar em adaptá-lo para o teatro. Ligo a câmera e conto sobre a Vinte e Cinco de Março, falo do meu cansaço, das férias que não foram férias, da angústia que sinto todos os finais de tarde. Lembro que, quando eu fazia faculdade de cinema, existia uma sessão gratuita de curtas-metragens todos os dias, às seis da tarde, numa sala da rua Augusta. Toda vez que eu podia, entrava no cinema nesse horário porque eu tinha pavor de ver o dia acabar, pavor do crepúsculo. Eu entrava na sala escura para me esconder do anoitecer. O dia estava caindo quando gravei o depoimento, e a banheira foi ficando escura. Lembro do meu buraco no peito e penso no título do manuscrito de Pagú: *Até onde chega a sonda*. Imagino a sonda da Pagú, que sai lá da casa de detenção em 1939, atravessa o tempo-espaço e chega até mim. Seu diâmetro é exatamente o mesmo do buraco que levo no peito.

1º DE FEVEREIRO

Às vezes sinto saudade de ser filha, só filha. Para mim, o maior termômetro da vida adulta é o cuidar versus ser cuidado. Quanto mais crescemos, mais cuidamos de coisas, pessoas, lugares, empreendimentos, e menos cuidado recebemos. Quando chegam os filhos, o termômetro do cuidar explode. Cuido dos meus filhos, de mim, da casa, da minha carreira, de cada um dos meus projetos, dos planos da família, da rotina, das compras, das contas, do meu casamento. A lista é sem fim. E quem cuida de mim? Alguns autocuidados consigo organizar: me levo para fazer exames, na terapia, na acupuntura. Me levo para passear. De vez eu quando olho para o meu companheiro e imploro: "Cuida de mim, por favor". É curioso, porque esse momento geralmente coincide com ele dizendo ao mesmo tempo: "Cuida de mim, por favor". É um mundo de gente carente precisando de cuidado, concluo. Vamos nos cuidar ao mesmo tempo ou fazer revezamento? Volta e meia ligo pra uma amiga para pedir cuidado e aí percebo que ela está mais necessitada do que eu. É preciso então cuidar. Ou fugir. É uma equação sem resposta. Voltar para casa, tomar banho e, se a temperatura permitir, jogar uma manta pesada em cima do corpo. Rezar e dormir cedo, para ver se a noite cuida da gente.

2 DE FEVEREIRO

Hoje foi a festa de um ano dos meninos e o tema foi fundo do mar; me pareceu apropriado, já que eles nasceram no dia de Iemanjá. Passei dias organizando tudo, encomendando coisas, cozinhando. Desde ontem, eu, Samara, Letícia e Micaella estamos montando a decoração. Comprei paçoca para fazer a areia e tartarugas de chocolate para colocar na "praia". No aparador deixei uma Iemanjá junto com os peixes que os meninos brincam no banho e os brigadeiros de polvo. Por cima de tudo, um arco enorme formado por bexigas e letras de madeira com o nome MAX e BEN. Eu nem tinha tomado banho e mal havia acabado de arrumar tudo quando as pessoas começaram a chegar.

"Posso experimentar isso?", elas perguntavam, e eu gritava: "Não! Ninguém toca na minha decoração!". Esqueci de tomar café da manhã, esqueci de almoçar e, quando a festa começou a se encher de gente, tomei uma taça de espumante e fiquei completamente bêbada.

Passei a festa toda correndo de um lado para o outro, com medo de pisar em algum bebê. E os bebês estavam tão felizes! Os bebês convidados e os meus bebês. Preparei um bolo sem açúcar para eles e encomendei alguns biscoitos. Então eles tinham a comidinha deles, porque geralmente, em festas de um ano, os pobres dos bebês não costumam ter o que comer. Achei que muita gente não vinha, mas todo mundo veio. Esqueci que tinha convidado o dr. W., que fez o parto dos meninos. Esqueci completamente.

Quando ele apareceu com sua mulher no meio da festa, Luiz deu um grito: "Martha, o dr. W. está aqui!".

Atravessei a sala correndo, agarrei ele emocionada e ficamos ali conversando e comendo bolinhas de queijo um ano depois do nascimento dos meninos, eu, Luiz, o dr. W. e a mulher dele. Os dois foram embora rápido, acho que ele tinha um parto para fazer. Certamente foi isso, pessoas não param de nascer. No fim, cantamos parabéns, eu e Luiz com os bebês no colo, Vítor e Letícia ao nosso lado. Nosso núcleo de amor e caos. Me matei de comer bolo, um bolo com sabor de ter sobrevivido até aqui.

Hoje faz um ano que eu achei que, depois de catorze horas parindo meus filhos, eu iria voltar para o quarto sozinha e ter tempo de comer e descansar. Mas uma enfermeira de Crocs enfiou dois recém-nascidos dentro do meu top e disse:

"Eles vão junto com você."

FIM

Agradecimentos

Agradeço muito a minha editora, Alice Sant'Anna, por ter enxergado este livro antes de mim e por ter trabalhado comigo de forma tão delicada e precisa. Agradeço a seu pai, Alexandre Sant'Anna, que foi meu "olheiro" nesta história. E às importantes leituras de Vitória Soares, Ciça Caropreso, Adriane Piscitelli e Andréa del Fuego. Agradeço a minha mãe, Maria Vicente de Azevedo, por tudo e pelas ajudas com nomes, datas e informações preciosas sobre minha vida. Ao meu pai, Alexandre, e às minhas irmãs, Ines e Marina, muito obrigada pelo suporte amoroso nesta jornada. Aos meus queridos enteados Letícia e Vítor, obrigada por terem vindo antes e por todo o aprendizado. E aos meus amores, Luiz, Max e Ben, a quem dedico este livro e ainda assim tenho tanto a agradecer.

ESTA OBRA FOI COMPOSTA EM ELECTRA PELA ACOMTE E IMPRESSA
EM OFSETE PELA GRÁFICA SANTA MARTA SOBRE PAPEL PÓLEN NATURAL
DA SUZANO S.A. PARA A EDITORA SCHWARCZ EM JANEIRO DE 2025

A marca FSC® é a garantia de que a madeira utilizada na fabricação do papel deste livro provém de florestas que foram gerenciadas de maneira ambientalmente correta, socialmente justa e economicamente viável, além de outras fontes de origem controlada.